———————————— 님의 소중한 미래를 위해
이 책을 드립니다.

명상, 참 마음이 따뜻해

명 상,

참 마음이 따뜻해

배영대 지음

메이트북스

메이트북스 우리는 책이 독자를 위한 것임을 잊지 않는다.
우리는 독자의 꿈을 사랑하고,
그 꿈이 실현될 수 있는 도구를 세상에 내놓는다.

명상, 참 마음이 따뜻해

초판 1쇄 발행 2020년 9월 14일 **ㅣ 초판 2쇄 발행** 2020년 10월 20일 **ㅣ 지은이** 배영대
펴낸곳 ㈜원앤원콘텐츠그룹 **ㅣ 펴낸이** 강현규 · 정영훈
책임편집 유지윤 **ㅣ 편집** 안정연 · 오희라 **ㅣ 디자인** 최정아
마케팅 김형진 · 차승환 · 정호준 **ㅣ 경영지원** 최향숙 · 이혜지 **ㅣ 홍보** 이선미 · 정채훈
등록번호 제301-2006-001호 **ㅣ 등록일자** 2013년 5월 24일
주소 04607 서울시 중구 다산로 139 랜더스빌딩 5층 **ㅣ 전화** (02)2234-7117
팩스 (02)2234-1086 **ㅣ 홈페이지** www.matebooks.co.kr **ㅣ 이메일** khg0109@hanmail.net
값 15,000원 **ㅣ ISBN** 979-11-6002-296-4 03190

이 도서의 국립중앙도서관 출판시도서목록(CIP)은 e-CIP홈페이지(http://www.nl.go.kr/ecip)에서
이용하실 수 있습니다.(CIP제어번호 : CIP2020031447)

우리는 깨어나야 한다!
순간순간 깨어날 수 있게 해야 한다.
이것이 우리를 구원하는 수행이다.
이것이 혁명이다.

• 틱낫한(명상가) •

깨어 있는
삶에 대한 고백

이 책의 추천사를 의뢰받고 기쁜 마음으로 수락을 했습니다. 그 이유는 저자가 보여준 언론인으로서의 신뢰감뿐만 아니라 인간적인 따뜻함과 겸손함, 그리고 명상 수행 과정에서 보여준 성실함 때문입니다.

저자는 이 책 전반을 통해서 자신의 평생 동안의 성실함을 잘 보여주고 있습니다.

일찍이 동양철학을 전공하면서 노장사상에 깊이 심취하였고, 불교의 세계를 공부하며 명상에 깊은 관심을 가진 성공한 언론인으로서, 치우치지 않는 시각으로 현대 명상, 특히 마음챙김 명상의 세계를 평이하면서도 합리적인 목소리로 마치 친한 친구에게 이야기를 들려주듯이, 명상을 흥미롭고 매우 유익한 방식으로 전달하고 있습니다.

이 책은 마음챙김 명상에 대해 알고자 하는 모든 분들이 흥미롭게 읽으면서 유익함도 맛볼 수 있는 입문서와 같습니다.

필자는 세 가지 이유에서 이 책을 독자에게 권하고 싶습니다.

첫째, 이 책은 현대 마음챙김 명상에 대한 다양한 필자의 경험을 폭넓게 소개하고 있습니다. 동북아시아의 중요한 명상 전통인 참선을 비롯하여 틱낫한 스님의 플럼빌리지, 존 카밧진의 MBSR, 차드 멩 탄의 내면검색 프로그램 등 다양한 명상 지도자와 관련된 정보들이 다양하게 소개 되고 있어 쏠쏠한 재미를 선사하고 있습니다.

둘째, 이 책에는 무엇보다도 저자의 명상에 대한 시각이 무리 없이 잘 녹아 들어가 있습니다. 저자는 주관적 경험으로 치우치기 쉬운 명상 경험을 언론인의 감각으로 정곡을 찌르면서 결코 한쪽으로 기울지 않고 균형감 있게 펼쳐낸 점이 인상적입니다. 명상을 일상생활과 분리된 신비적이고 특정 종교적인 경험으로 간주하거나, 지나치게 과학적인 환원주의적으로, 또는 하나의 테크닉으로 취급하지 않고, 줄이 잘 골라진 악기처럼 중도적인 감각으로 건강한 삶, 보통 사람을 위한 명상을 그려내고 있습니다.

셋째, 이 책은 추상적으로 명상 테크닉을 나열한 명상 입문서가 아니라 저자가 자신의 삶을 살아가는 하나의 존재의 길로써 추구한 '깨어 있는 삶'에 대한 고백을 담은 일종의 자전적 경험의 기록입니다. 저자가 써 놓은 글을 한 줄 한 줄 읽다 보면 독자들은 자신도 모르게 명상이 그렇게 어렵거나 특수한 사람들을 위한 게 아니고 각자의 삶 속에 녹아 있는 삶의 본질에 대한 것임을 느끼게 됩니다.

명상은 궁극적으로 지혜와 사랑에 관한 것입니다. 마음챙김 명상은 따뜻하고 친절한 것입니다. 마음챙김 명상을 바르게 하게 되면 몸과 마음이 더 열리고 따뜻해지고 삶에 대한 이해와 만족도가 커집니다. 명상은 하면 할수록 나와 주변, 세상에 대한 관점이 열려 삶이 주는 다양한 가능성과 풍요로움으로 살아가게 됩니다. 학인으로서 그리고 언론인으로서의 세상에 자신을 포지셔닝한 저자가 치우치지 않는 균형감을 가지고 마음챙김 명상의 세계를 독특하게 그려내는 이 책은 이 시대에 맞는 건강한 명상 문화를 꿈꾸고 있는 많은 이들에게 기쁨과 유익함을 전할 것으로 기대합니다.

2020년 여름, 한국MBSR연구소 소장

안희영

내 가슴속 빛으로 들어가는 마음 여행

이 문을 들어서거든

일체 생각을 내지 말라.*

선(善)은 무엇이고, 악(惡)은 무엇인가?

누가 선을 만들고, 누가 악을 만드는가?

모두 자신의 생각에 사로잡혀 있을 뿐이다.

사람마다 생각은 다 다르다.

어떻게 내 생각만 옳고,

다른 사람 생각은 틀리다고 할 수 있겠는가?

---

* 서산 휴정(1520~1604) 스님의 『선가귀감(禪家龜鑑)』에 "입차문래 막존지해(入此門來 莫存知
  解)"라는 구절이 나온다.

지극한 도(道)는 어렵지 않다.

오직 생각을 꺼릴 뿐!**

나만 옳다는 생각이 사라질 때

모든 것이 뚜렷해진다.

명상은

생각보다 느낌에 가깝다.

내 가슴속 빛으로 들어가는

마음 여행.

2020년 3월 2일

30년 전 숭산 스님의 가르침을 기억하며

남순(南巡) 배영대 두 손 모음

**   중국 선불교 제3대 조사 승찬(?~606) 스님의 『신심명(信心銘)』에 "지도무난 유혐간택
(至道無難 唯嫌揀擇)"이란 구절이 나온다.

신문의 사실과 명상의 사실 간
작은 방황의 흔적

스님이나 신부님, 목사님 같은 성직자도 아니고, 제대로 된 철학자도 아닌 내가 왜 명상 에세이를 쓰게 되었는가? 더욱이 신문 기자로 30년 가까이 살아왔는데, 신문과 명상은 서로 어울리기 힘든 이질적 존재 아닌가? 무모하고 터무니없는 일임을 스스로 모르지 않으면서 이렇게 책 출판까지 감행한 데에는 몇 가지 이유가 있습니다.

첫째, 무엇보다도 내가 늦게나마 명상에 크게 매료되었기 때문입니다. 둘째, 직접 해보니 명상은 전혀 어렵지 않았는데, 그럼에도 뭔가 신비스럽고 난해한 것처럼 생각하는 경향이 널리 퍼져 있는 듯했습니다. 그런 오해도 바로 잡고, 명상의 즐거움을 많은 사람들과 함께 나누고 싶었습니다. 셋째, 우리 사회에 많은 갈등이 있는데, 대개 생각의 차이에서 비롯되는 경우가 많습니다. 명상은 개인적 힐링을 넘어 사회의 분열을 치유하는 밑거름이 될 수 있다는 생각이 들었습니다.

　언론과 명상은 언뜻 함께 어울리기 힘들어 보입니다. 언론은 선과 악, 옳고 그름을 따져 사건의 팩트(사실)가 무엇인지 드러내는 일을 주로 합니다. 언론에 대한 교과서적 설명으로는 그렇습니다. 교과서가 늘 옳은 것은 아니지만…. 명상은 어떤가요. 명상은 선과 악, 옳고 그름을 이분법적으로 갈라놓기보다는, 선과 악이나 옳고 그름이 한 사물에 동시에 존재할 수 있다는 사실에 주목합니다. 세상에 두 개의 팩트가 존재하는 셈입니다. 한편으로는 '신문의 사실'이 있고, 다른 한편으로는 '명상의 사실'이 있습니다. 나는 신문 기자를 30년 가까이 해오면서 이 두 개의 사실 사이에서 방황했습니다. 이 책은 그 방황의 작은 흔적이라고 해도 좋을 것입니다.

　5년 전 어느 날 문득 삶이 짧게 느껴졌습니다. "홀연히 생각하니 도시 몽중(夢中)이로다 / 천만고 영웅호걸 북망산의 무덤이요 / 부귀문장 쓸데없다 황천객을 면할소냐 / 오호라 나의 몸이 풀끝에 이슬이요, 바람 속에 등불이라.…" 이렇게 시작하는 경허(1846~1912) 스님의 '참선곡'을 읽을 때였습니다. 풀잎의 이슬처럼 잠깐 왔다 가는 짧은 인생 동안 무엇을 위해 살아야 하나, 시기하고 질투하고 다투기만 하다 갈 것인가, 이런 생각이 들었습니다. "쓸데없는 탐심(貪心, 탐내는 마음) 진심(嗔心, 화내는 마음) 공연히 일으키고 / 쓸데없는 허다 분별 날마다 분요하니 / 우습도다 나의 지혜 누구를 한탄할꼬 / 지각없는 저 나비가 불빛을 탐하여서 제 죽을 줄 모르도다." 경허 선사께서 나를 콕 집어서 하시는 말씀 같아 나도 모르게 가슴 속에서 뜨거운 물이 흘러나옴을 느낄 수 있었습니다.

　불교는 20대 시절부터 관심을 가졌었지만, 그 순간 완전히 새롭게 다시 불교를 접하는 느낌이었습니다. 그때부터 본격적으로 매일 명상을 하기 시작했습니다. 처음엔 불교 참선과 만트라, 108배, 경전 읽기 등을 했습니다. 그러다 3년 전부터 서양에서 현재 유행하는 마음챙김(Mindfulness) 명상을 병행했습니다. 서양의 마음챙김 명상은 동양의 전통 명상들의 핵심적 요소를 취합해 만들었습니다. 무엇보다 명상을 잘 모르는 사람들도 쉽게 접할 수 있게 구성했다는 점이 돋보였습니다. 이 책에는 미국 매사추세추대 의과대학 명예교수 존 카밧진이 만든 MBSR(Mindfulness Based Stress Reduction, 마음챙김에 근거한 스트레스 완화)의 시각이 많이 소개되고 있습니다.

명상에 대한 기사와 칼럼을 3년 전부터 중앙SUNDAY에 연재하기 시작했습니다. '배영대의 명상만리' '마인드풀, 내 마음이 궁금해' '대한명상의학회와 함께하는 코로나 명상' 등을 시리즈로 내보냈습니다. 명상의 시각으로 여러 문화 현상을 비평하고, 다양한 방식으로 명상을 하며 살아가는 사람들을 소개하면서 명상의 새로운 흐름을 두루 전해주는 내용들입니다. 그러던 어느 날 메이트북스의 정영훈 대표가 제가 쓴 글을 프린트해 와서 책으로 내보자고 제안했습니다. 정 대표 본인이 명상의 세계에 이미 깊이 들어와 있는 분이었습니다. 신문용 글과 출판용 글은 성격이 다르다는 것을 이번에 체험하게 되었습니다. 신문에 썼던 글을 출판용으로 대폭 수정해야 했고, 마음챙김 명상에 대한 나의 생각을 새롭게 추가해서 이 책을 내게 되었습니다. 코로나19 바이러스가 계속 진행되고 있는 상황에서 여러 가지로 고통받고 있는 국민들이 모두 자신의 마음을 잘 다스리는 데 작은 도움이라도 되면 좋겠습니다.

베트남 출신의 틱낫한 스님은 미국과 유럽에 마음챙김 명상을 널리 확산시킨 명상가이자 명상 시인이기도 한데, 개인적으로 틱낫한 스님의 아포리즘을 좋아합니다. 틱낫한 스님의 잠언 모음집 『너는 이미 기적이다』에서 명상의 본질에 대해 이렇게 말했습니다. "불교 명상을 수행한 사람은 안다. 무엇보다도 지금 이 순간 자기 자신에게, 자기가 사랑하는 사람에게, 그리고 자기 삶에 충실한 것이 곧 명상이라는 사실을." 마음챙김 명상은 삶을 즐기기 위한 것이지 고생이나 고행을 하자는 것이 아닙니다. 진정한 행복으로 들어가는 문이 마음챙김 명상이라고 할 수 있겠습니다.

　내가 좋아하는 고전인 노자의 『도덕경』에는 이런 구절이 나옵니다. "세상 사람들이 모두 아름다운 것이 아름다운 줄만 알면 이것은 추한 것이다. 세상 사람들이 모두 선한 것이 선하다고만 알면 이것은 선하지 않은 것이다." 아름다움과 추함, 선함과 선하지 않음은 다 인간의 말과 생각과 자기중심적 판단에서 비롯된 것이라는 통찰이 깔려 있습니다. 지금으로부터 적어도 2500년 전에 이런 명상적 사유를 했다는 것이 놀랍습니다. 자기중심적 판단에는 선입견과 편견이 들어 있습니다. 그런 선입견과 편견을 가지고 사물을 있는 그대로 볼 수 없습니다. 아름다움과 추함이나 선함과 선하지 않음은 각각 상대적 가치를 갖는 대립쌍으로 볼 수 있다는 얘기입니다. 아름다움이 있기에 추함이 있는 것이고, 그 반대의 관계도 성립합니다. 선함과 선하지 않음의 관계

도 마찬가지입니다. 있음과 없음, 어려움과 쉬움, 긺과 짧음, 높음
과 낮음 등도 마찬가지입니다. 그런 상대적 가치를 온전히 담아
내기에는 인간의 언어가 제한적입니다. 입으로 말을 뱉어내는 순
간 이미 어느 한쪽으로 기울어지기 쉽습니다. 쉽게 단정 짓듯이
함부로 말을 해서는 안 될 것 같습니다. 나 역시 이 책에서 잘 알
지도 못하면서 함부로 말한 것은 없는지 우려됩니다. 그런 잘못
은 오로지 나의 책임임을 밝혀두고 싶습니다.

    틱낫한 스님의 잠언집에 나오는 문장을 하나 더 소개하고 싶
습니다.
    "우리가 사는 이 세상은, 정의로운 행동에 기꺼이 뛰어들려는
사람들이 부족한 게 아니다. 우리에게 부족한 것은 어느 한쪽을
편들지 않으면서 전체 현실을 껴안을 수 있고 사랑할 줄 아는 그
런 사람들이다." 우리가 사는 오늘의 현실을 놓고 곰곰이 명상해
볼 필요가 있겠습니다. 동아시아의 고전 『대학』에는 이런 구절이
나옵니다. "좋아하지만 그의 추함을 알고, 싫어하지만 그의 아름

다움을 아는 사람은 세상에 드물다." 대학은 '대인(大人)', 즉 큰 사람이 되는 가르침입니다. 큰 사람이 되기 위한 길로 정심(正心)과 수신(修身)과 제가(齊家)를 제시하는 대목에서 이 이야기가 나옵니다. 내가 어떤 대상을 좋아하거나 싫어하는 것과 실제 그 대상의 아름다움과 추함은 별개의 일일 수 있다는 것입니다. 나의 시각만을 절대적으로 옳다고 고집하는 오만함을 경계하고 있습니다.

  마음을 바로잡고, 몸을 바로잡고, 집안을 바로잡는 큰 사람의 길은 나의 편견을 내려놓는 일에서 시작한다고 볼 수 있겠습니다. 대인의 길과 명상의 길이 크게 달라 보이지 않습니다.

2020년 8월 17일

만리재(萬里齋)에서 배영대

CONTENTS

추천사 깨어 있는 삶에 대한 고백 • 006

서시 내 가슴속 빛으로 들어가는 마음 여행 • 010

서문 신문의 사실과 명상의 사실 간 작은 방황의 흔적 • 012

PART 1 —————————————————————

명상으로 깨우치는
행복한 인생

| 나의 명상 이야기, 부처님께 재를 털면 • 027

| 영원한 시작, 내 마음을 찾는 마인드풀니스 • 034

명상 에세이 ❶ 지속가능한 삶의 비결은 '조심조심, 미리미리' • 040

| 마음챙김의 핵심, 알아차림 • 044

| 마음의 바다 위에 일렁이는 생각이라는 파도 • 050

명상 에세이 ❷ 위로가 필요한 시대 오늘을 살아가세요, 눈이 부시게! • 054

| 왜 고통은 우리 인생에서 사라지지 않는가 • 059

| 마음챙김, 모든 순간을 기적으로 바꾼다 • 066

| 마음챙김과 BTS '러브 유어셀프' • 069

명상 에세이 ❸ 자기 비난의 늪에서 나오게 하는 '전폭적 수용' • 077

| 마음챙김 명소를 찾아서, 종묘와 명상 • 079

명상 에세이 ❹ 전화벨이 울릴 때 동작을 멈추고 심호흡 • 086

PART 2 _____

명상으로 찾아가는
마음의 평화

| 휴대전화를 끄세요, '검색 중독' 벗은 IT 고수들 • 091

| 성공을 위해 명상을 활용할 수 있을까 • 096

명상 에세이 ⑤ 마지막 날숨에 동료의 행복을 담아라 • 102

| 첨단 기술 발전, '마음 문제' 다 해결하지 못해 • 104

명상 에세이 ⑥ 명상은 자신과 싸우는 것이 아니다 • 110

| 유배 생활 40년, 마음챙김 통해 도달한 '마음의 고향' • 113

명상 에세이 ⑦ 휴식의 기술 '쉬기 명상' • 119

| MBSR 체험(상), 건포도 한 알에서 세상으로 확장 • 121

명상 에세이 ⑧ 마음챙김은 사회적 이슈에 무관심하지 않다 • 127

| MBSR 체험(하), '두 번째 독화살'은 피하자 • 129

명상 에세이 ⑨ 마음챙김은 기적이 아닌 상식의 확인 • 134

| 불면의 밤이 깊어진다면 마음챙김이 대안이다 • 137

CONTENTS

명상 에세이 ⑩ **수면은 최고의 명상, 잠자리 스마트폰부터 치우자** • 144

| 영화 〈조커〉와 두 마리 늑대 • 146

명상 에세이 ⑪ **가난했기에 『성냥팔이 소녀』를 쓸 수 있었다** • 153

| 마음챙김과 불교, 동서양 문명의 흐름 • 155

명상 에세이 ⑫ **중도, 집착과 어리석음에서 벗어나야** • 160

PART 3 ————————————————————————

명상이 불러온
삶의 변화들

| 50대에 발견한 자연의학, 명상은 '건강 상식' • 165

명상 에세이 ⑬ **마음가짐을 바꾸는 자연치료** • 171

| 바이러스와 자발적 격리, 면역력 높이는 마음챙김 • 174

명상 에세이 ⑭ **위험의 세계화, 격리·고요함·인내로 극복** • 180

| 학교에서도 명상은 중요한 교육 방법이다 • 182

명상 에세이 ⑮ **그림책 명상, 아이들 감정 교육에 유용하다** • 187

| 외국의 학교 명상, '숨 쉬는 방' 찾는 학생들 • 190

명상 에세이 ⑯ **동백꽃은 누가 피우나** • 195

| 고통이 곧 의미입니다 • 199

명상 에세이 ⑰ **명상이 꼭 필요한 네 곳** • 204

| 야구선수 박찬호, 명상으로 인생 메이저리그 노린다 • 207

명상 에세이 ⑱ **취미가 명상인 어느 래퍼 이야기** • 213

| 모바일 명상, '선한 영향력' 속도 높인다 • 216

나오면서 마음챙김으로 지금 이 순간 행복하기를! • 220

호흡 명상을 하든, 음식 명상을 하든, 보디 스캔을 하든 알아차림이 곧 마음챙김 명상이다. 골방에 앉아서 좌선한다고 해도 알아차림이 없으면 제대로 마음챙김 명상을 한다고 할 수 없다. 그런 알아차림을 우리 감정의 변화에도 적용할 수 있다. 나는 어떤 상황에서 유쾌함을 느끼는가? 나는 어떤 상황에서 불쾌함을 느끼는가? 유쾌한 일만 계속되면 좋겠는데 그게 내 마음대로 되지 않는다. 불쾌한 일은 아예 생기지 말았으면 좋겠는데 그것도 내 뜻대로 되지 않는다. 행복해지려면 행복의 문을 두드려야 한다. 불행의 문을 계속 두드리면서 행복하기를 바랄 수는 없다. 나는 지금 행복의 문을 두드리고 있는가, 불행의 문을 두드리고 있는가.

PART

1

명상으로 깨우치는
행복한 인생

나의 명상 이야기,
부처님께 재를 털면

돌아보면 시간이 해결해주는 문제가 적지 않은 것 같다. 우연히
벌어진 일들이 시간이 많이 지난 뒤에 보면 모두 연결되면서 새로
운 인연으로 이어지는 느낌을 받는 경우도 있다.

명상은 종교적이지만 궁극적으로는 종교를 벗어나는 것이다. 어
느새 50대 중반을 넘어가는 내 경험으로 보면 그런 것 같다. 세
상에는 명상의 종류가 매우 많다. 명상의 눈으로 보면 명상 아닌
것이 없는 것처럼 보이기까지 한다. 명상은 대개 각종 종교와 인
연을 맺는다. 나는 어려서부터 여러 종교와 이런저런 인연을 맺
었는데, 그런 경험이 명상을 이해하는 데 조금 도움이 되는 것
같다.

초등학교에 들어가기 전인 일곱 살 때 기독교 교회를 다니기 시작한 게 내 '명상 여행'의 시작이라고 할 수 있다. 당시 누이를 따라 서울 종로구 내수동에 있는 한 장로교회에 종종 '놀러' 가곤 했다. 놀러나갔다는 말이 정확한 표현이다. 기독교에 대해 뭘 알아서 나간 것이 아니기 때문이다. 기독교 집안도 아니었다. 오히려 제사를 1년에 8번 이상 지내는 종손 집안이었다.

인연이란 그렇게 시작되는 듯하다. 당시 예배당 안으로 신발을 벗고 들어가는 모습을 신기하게 바라보곤 했던 일이 기억에 남아 있다. 초등학교 때 종로구의 다른 장로교회로 옮겼고 고등학교를 졸업할 때까지 매주 빠지지 않고 교회에 나갔다. 중고등학교 시절에는 교회 임원을 했으므로 주말이면 교회에서 살다시피 했다. 어머니 영향도 컸다. 어머니께서는 교회를 전혀 다니지 않으셨지만 아들이 교회에서 많은 시간을 보내는데도 한 번도 나무라지 않으셨다.

지금 돌아보면 정규 학교에서 잘 느껴보지 못했던 선생님과 친구들의 따듯한 사랑을 교회에서 느꼈던 것 같다. 언제나 따뜻하게 맞이하고 보살펴주신 주일학교 선생님들의 마음을 잊을 수 없다. 언젠가 직장에서 은퇴하면 교회 주일학교 교사를 하려고 마음먹은 적도 있다. 주일학교 선생님들에게서 받기만 했던 사랑을 후배들에게 돌려줘야겠다는 생각을 했던 것이다.

대학에 들어가면서 교회를 나가지 않았다. 겉멋이 들었던 것 같다. 이념의 겉멋이다. 1980년대 대학가에서 유행했던 이념 서적의 '세례'를 받으며 교회를 멀리하게 되있다. 내가 다녔던 장로교회와 대학에 가서 읽은 좌파 이념 서적은 함께 어울리기가 어렵다고 생각했던 것이다. 지금 와서 돌아보면 이념은 또 하나의 종교였던 것 같다. 겉모습만 다를 뿐이라는 생각이 들기도 한다.

교회에 나가지 않으면서 가톨릭, 불교, 동양철학에 관심을 두기 시작했다. 가톨릭은 중학교 때 잠시 관심을 두기도 했다. 가톨릭은 개신교와 같은 기독교의 일종으로 형식이 다를 뿐이라고 그때는 생각했다. 20대 중반인 내 마음에는 개신교의 자유로움보다 엉뚱하게도 가톨릭 미사의 전통적 형식이 더 끌렸다.

대학시절 들었던 김용옥 교수의 철학 수업은 내가 또 하나의 종교로 들어가는 문이었다. 『도덕경』이라는 오래된 종교다. "『자본론』만 근보다 『도덕경』 한 근의 무게가 더 나간다"고 한 김 교수의 한마디가 마음에 꽂혔던 것 같다.

1980년대에는 『자본론』이 득세했다. "도를 도라고 하면 실제 그러한 도가 아니다"로 시작하는 『도덕경』에 무슨 힘이 있는 걸까? 동양철학 하면 대개 지금은 거의 다 사라진 '미아리 점집'을 떠올리던 시절이었다. 『도덕경』이 어떻게 『자본론』을 누를 수 있다는 말일까?

육중한 방망이로
머리를 한 대 맞은 느낌

그런 생각에 빠져 종로2가를 걷던 어느 날이었다. 당시 종로2가에는 서울을 대표하는 서점인 '종로서적'이 있었고 젊은이들이 많이 만나는 장소로는 종로, 신촌, 대학로 등이 있었다. 나는 종로2가에 나갈 때면 종로서적을 거쳐 그 앞쪽의 조그만 구멍가게 같은 할인서점에 들르곤 했다. 아마 간판도 없었던 것 같은데 종로서적 책값보다 10퍼센트 이상 싸게 팔았다.

우연히 그곳에 들른 어느 날 『부처님께 재를 털면』이라는 책이 눈에 쏙 들어왔다. '부처님 손에 재를 털다니, 무슨 이런 불경스러운 이야기가 다 있을까?' 그렇게 생각하며 저자를 보니 스티븐 미첼이라는 미국인이었다. 미첼이 숭산 스님의 법문을 담아놓은 책이었다. 서울 화계사 주지를 지낸 숭산 스님이 1972년 미국으로 건너가 한국의 선불교를 전한 유명한 분이라는 사실을 그때는 잘 알지 못했다. 훗날 『만행 하버드에서 화계사까지』의 저자인 현각 스님이 숭산 스님의 미국인 제자라는 사실이 알려지면서 더 유명해졌다.

『부처님께 재를 털면』이라는 제목은 숭산 스님이 미국에서 가르칠 때 한 제자에게 내준 문제에서 유래했는데, 바로 이것이다.

"한 사람이 선원에 담배를 피워 문 채 들어와 부처님 얼굴에 연기를 내뿜기도 하고 손에 담뱃재를 털기도 한다. 당신이 그곳에 있었다면 어떻게 하겠는가?"

나는 그때 육중한 방망이로 머리를 한 대 맞은 느낌이었다. 내게 던져진 숙제 같았다.

『부처님께 재를 털면』이라는 책을 펼치면 숭산 스님 특유의 선문답이 나온다. '다르마 톡(Dharma Talk)'이라고 하는 선문답이다. 대개 두 가지 사물을 제시하면서 그 둘이 같은지 다른지를 묻곤 한다. 예컨대 책과 연필을 들어 올리고는 "이 책과 이 연필이 같은가, 다른가"라고 묻는 식이다.

질문과 함께 꼭 덧붙이는 한마디가 있다. "만일 여러분이 '같다'고 대답하면 30방을 맞을 것이요, '다르다'고 해도 30방을 맞을 것입니다." 제자들은 어떻게 해야 할지 모른다. 몽둥이를 피하려는 파란 눈의 제자들 모습이 눈에 보이는 듯하다.

당황한 것은 그들만이 아니었다. 나 역시 도무지 이해할 수 없는 선문답이었다. 문제를 풀기 위해 머리를 쓰면 쓸수록 머릿속은 더 꼬여가는 것 같았다.

최석호 법사의 '반야심경'을 접한 것도 그 무렵이다. 지금은 법륜 스님으로 알려진 그분의 불교 해설은 당시 내게 비교적 '논리적'으로 다가왔다. 법륜의 '반야심경'으로 숭산의 '다르마 토크'

를 풀어보려고 했지만 도무지 알 수 없었다.

그러던 1991년 어느 날, 일간지에서 '불전국역연구원'이 만들어져 연수생을 처음 모집한다는 광고를 보았다. 연구원은 한문으로 된 불교 경전을 우리말로 번역할 요원을 양성하는 곳으로 서울 안암동 고려대학교 옆 개운사에 있던 중앙승가대학교 안에 있었다. 그곳에 1기생으로 들어가 당대 학승으로 손꼽히던 월운 스님, 종범 스님의 강의를 들었다. 좋은 분들을 만났지만 수업 내용을 따라가며 이해하기가 벅차기만 했다.

'불전국역연구원'을 그만두고 나서도 '부처님께 재를 털면'은 내 머리를 떠나지 않았다. 김용옥 교수가 세운 '도올서원'을 다니고, 서강대학교 대학원 철학과에 입학해 동양고전을 공부하면서도 궁금증은 계속 주위를 맴돌았다. 돌이켜보면 머리가 별로 좋지 않고 수행력도 많이 부족한 사람이 풀기 어려운 문제를 붙들고 씨름만 했던 것 같다.

돌아보면 시간이 해결해주는 문제가 적지 않다. 우연히 벌어진 일들이 시간이 많이 지난 뒤 보면 모두 다 연결되면서 새로운 인연으로 이어지는 느낌을 받는 경우도 있다.

2003년 프랑스 남부 보르도 지방에 있는 틱낫한 스님의 수행처 '플럼 빌리지'에서 일주일 단기코스를 체험한 일이 있다. 언론사 기자로 취재도 하고 수행처 경험도 하려고 겸사겸사 간 것이다. 그때 경험은 두고두고 내 기억에서 되살아났다.

점심 공양 후 플럼 빌리지 경내를 돌면서 '걷기 명상'을 한 일이 특히 인상 깊었다. 걷다가 스님이 치는 종소리가 들리면 걸음을 멈추었다. 어떤 동작을 취하고 있든 그 동작 그대로 멈추어야 했다. 명상 관련 책을 쓰는 이 순간에도 그때의 기억이 새록새록 되살아난다.

틱낫한 스님과의 만남은 소중한 인연이 아닐 수 없다. 지나보니 그렇다는 얘기다. 당시 부끄럽게도 나는 이곳저곳을 다니며 불교도 모르고 명상도 모르면서 괜히 아는 척만 했던 것 같다. 지금도 크게 달라진 것은 없는데 겁도 없이 명상 관련 책을 내려고 한다. 그야말로 부처님 손에 재를 터는 불경을 저지르는 것 같다.

영원한 시작,
내 마음을 찾는 마인드풀니스

마음의 날씨는 변덕이 너무 심하다. 너무 흐린 마음의 날씨가 우리를 고통스럽게 한다. 이런 복잡 미묘한 마음을 관리하며 사는 삶의 기술이 명상이라고 생각한다.

명상은 마음을 탐구하는 일이다. 세상만사 모든 일이 마음을 떠나서는 제대로 이해할 수 없는 듯하다. 종교와 철학, 심리학, 교육학 같은 학문의 세계도 그런 것 같다. 명상은 그 모든 다양한 분과 학문의 밑바탕을 이루는 공통분모라고도 할 수 있다.

철학을 이성의 학문이라고들 하는데, 명상을 접한 이후 그런 생각이 좀 달라졌다. 마음을 모르고 이성의 변주로만 철학사를 이해할 수는 없다고 본다. 소크라테스가 '너 자신을 알라'고 한 말도 명상의 관점에서 나는 '네 마음을 알라'는 의미로 풀이하게 되었다.

그런데 이 마음이라는 것이 참 묘하다. 이해하기가 쉽지 않다. 보이지도 않고 들리지도 않는데 나를 움직이는 어떤 것이 내 머리와 가슴에 있는 것이 분명하다. 그런데 손에 잡히지 않는다. 거리를 걷거나, 의자에 앉거나, 자리에 눕거나, 밥을 먹거나, 심지어 잠을 잘 때조차 떠나지 않는다. 대체 이것이 무엇인가.

나는 이런 내 마음을 크기나 넓이로 재보고 싶다. 미묘하기 짝이 없는 마음의 크기를 어떻게 잴까. 기억을 더듬어보자. 한번 옹졸해지면 바늘 하나 꽂을 여유조차 없는 게 인간의 마음이다. 그렇지 않은가? 이는 다른 사람 이야기가 아니라 내 이야기라서 자신 있게 말할 수 있다. 일상에서 나는 얼마나 옹졸하게 살아가는가. 집에서 식구들과 다투고, 학교나 직장에서 동료와 티격태격할 때가 얼마나 많은가.

그런데 거창한 일로 다투는 것도 아니다. 심지어 좋은 음악을 듣고 재미있는 영화를 보며 즐거운 이야기를 나눌 때조차 상대방과 서로 취향이 조금만 다르면 기분이 나빠질 수 있다. 한번 나빠진 기분은 또 다른 행동으로 확장된다. 관계를 개선하려고 해도 잘 안 된다. 내 기분이 좋으면 싱글벙글하다가도 조금이라도 거슬리면 곧바로 다시 틀어진다.

마음의 날씨는 변덕이 너무 심하다. 너무 흐린 마음의 날씨가 우리를 고통스럽게 한다. 이런 복잡 미묘한 마음을 관리하며 사는 삶의 기술이 명상이라고 본다.

밴댕이 속보다 좁은 마음이 때로는 한없이 너그러워지기도 하는데 그 크기가 온 세상을 다 받아들일 것처럼 넓어지기도 한다. 그런 경험을 누구나 하면서 사는데 잘 의식하지 못할 뿐이다. 한 번 날갯짓에 구만리장천을 날아가는 대붕의 세계가 우리 마음일 수 있다. 옹졸한 마음 씀씀이에 대붕의 날개를 달아주는 것이 명상이라고 할 수 있다. 그렇지만 대붕의 날개 달기가 말처럼 쉬운 일은 아니다. 마음 한번 돌이키면 대붕의 마음으로 살아갈 수 있다는데 그게 잘 안 되는 이유는 무엇일까?

일상에서 어떤 사건이 일어나는 순간마다 그것을 접하는 마음의 변화를 의도적으로 느껴본 적이 있는가. 각별한 주의를 기울이지 않으면 우리는 대개 습관대로 살아가게 된다. 오래 축적되어 나도 모르게 나오는 마음과 행동이 습관이다. 습관이 우리를 기계처럼 살게 한다. 대개는 기계처럼 살아가는 것도 자각하지도 못하고 하루하루 살아간다. 내 마음에 조금이라도 거슬리는 말을 듣거나 행동을 접하면 즉각 눈살을 찌푸리거나 화를 내지 않는가. 화를 내는 것도 습관이다. 이렇게 기계처럼 작동하는 내 마음의 습관을 바꾸는 것이 명상이다.

마음챙김 vs.
마음놓침

세상에는 명상의 종류가 수없이 많다. 그중 내가 이 책에서 주목하는 명상은 미국과 유럽 등 서구에서 요즘 유행하는 '마인드풀니스(Mindfulness)'다. 마인드풀니스는 '마음챙김'으로 번역된다. 마음챙김의 반대말은 '마음놓침(Mindlessness)'이다. 마음챙김과 마음놓침 사이에 우리 습관이 있다. 마음놓침의 습관을 마음챙김의 습관으로 바꾸는 것이 수행이다. 마음을 챙기고 살 것인가, 놓치고 살 것인가. 내 마음은 지금 어디에 가 있는가, 어느 쪽으로 갈 것인가.

2014년 2월 3일자 미국 시사주간지 〈타임(TIME)〉에 '마음챙김 혁명(Mindful Revolution)'이라는 표제의 특집이 실렸다. 마음챙김 명상이 미국 전역의 기업과 학교, 병원 등으로 퍼지면서 큰 변화를 일으키고 있다는 내용이었다. 마음챙김 명상이 21세기 미국의 주류사회에서 성공적으로 자리잡게 하는 데 기여한 인물로 존 카밧진 박사를 빼놓을 수 없다. 카밧진 박사가 1979년에 만든 'MBSR(Mindfulness Based Stress Reduction)'은 본래 의료 프로그램이었다. MBSR은 '마음챙김에 근거한 스트레스 완화'로 번역된다.

만성통증과 스트레스 장애를 보이는 환자들에게 임상적으로 적용했던 8주간의 MBSR 프로그램이 지금은 미국 주류사회 전반으로 확산되고 있다. 그러한 확산 추세가 혁명적이라는 표현을 쓸 정도로 거대해 보인다. 이때 혁명은 무력을 사용해 국가를 전복하는 혁명이 아니다. 개개인이 스스로 변화하는 혁명을 가리킨다. 자기 마음의 혁명이다. 마음의 혁명이 사회도 바꿀 수 있다.

카밧진은 명상지도자이기 전에 과학자다. 분자생물학 전공으로 박사학위를 받았고, 현재 매사추세츠대학 병원 명예교수로 있다. 카밧진의 스승 가운데 한 분이 숭산 스님이다. 숭산 스님이 1974년 미국에서 '용맹정진'이라는 이름의 수행 모임을 지도할 때 참여했다.

카밧진은 자신의 책 곳곳에서 숭산 스님과의 인연을 소개한다. 결혼식 주례도 숭산 스님이 서줬다. 숭산 스님의 영향이 적지 않았던 것이다. 카밧진에게 MBSR을 배우고 돌아와 한국MBSR연구소를 만들어 보급에 나서는 이가 안희영 소장이다. 나는 안희영 소장에게 MBSR의 기초를 배웠다.

MBSR 수련에 임할 때 잊지 말아야 할 몇 가지 마음가짐이 있는데, 그중 하나가 'Beginner's mind'다. 마음챙김 명상 수련을 할 때는 언제나 처음 시작하는 마음으로 임한다는 의미다. 자칫 오만해지는 마음을 경계하는 것이다. '초심자 마음'이라고 할 수 있는데, 나는 이를 '처음처럼'으로 기억하고 있다. 아침에 일어나 잠시 명상을 할 때 '처음처럼'을 속으로 되뇌곤 한다.

명상에는 고수라는 말이 잘 어울리지 않는다. 오래하면 익숙해지기는 하겠지만 '처음처럼'의 마음을 잊어버리기도 쉽다. '처음처럼'은 간절한 마음의 다른 이름이기도 하다. 뭔가를 내가 다 안다고 생각하는 순간 자만에 빠지게 된다. 그 늪에 빠지면 간절함이 사라진다. 잘난 척하는 마음에는 나 이외에는 아무것도 눈에 들어오지 않는다.

카밧진은 마음챙김 명상 수련을 하는 이들에게 '마치 자기 목숨이 거기 달려 있는 것처럼' 수련하라고 권한다. 한국 선불교에서도 많이 하는 말이다. 숭산 스님은 '오직 모를 뿐'이라는 마음가짐을 언제나 유지하라고 했다.

간절한 마음이 있어야 오래된 습관에서 벗어날 수 있다. 아침에 좀더 자고 싶어도 간절한 마음이 있다면 자리를 박차고 일어날 수 있다. 간절한 마음이 없으면 이불 속으로 더 들어가게 된다. 학교에서나 직장에서나 그 어디에 있더라도 간절한 마음이 있어야 잠시라도 짬을 내어 자신을 돌아볼 수 있다. 간절한 마음으로, 언제나 처음처럼, 오직 모를 뿐!

지속가능한 삶의 비결은 '조심조심, 미리미리'

아프지 않고 건강하게 오래 사는 무병장수는 많은 사람의 바람일 것이다. 2016년 말 베스트셀러를 기록한 『백년을 살아보니』의 저자 김형석 교수에게 장수의 비결을 물은 적이 있다. 송년 인터뷰를 하려고 만난 자리였다.

두 시간 넘게 진행된 대화의 내용은 지금도 잊히지 않는다. 인터뷰에서 그에게 배운 것은 '조심조심, 미리미리'라는 표현으로 요약할 수 있다.

그의 어머니는 어려서부터 몸이 약한 아들이 안타까워 심지어 '스무 살까지라도 살았으면' 하고 빌었다고 한다. 그랬던 그가 스무 살이 아니라 백 살까지 살게 되었다는 얘기다. 평생 조심스러운 자세로 살았기에 가능한 일이었다. 꼭 해야 할 일이 있으면 하루 이틀 먼저 준비하는 습관도 중요하다. 누구나 시간에 쫓기다 보면 마음을 졸이게 되는데 그럴 때 생기는 스트레스를 미리미리 줄일 수 있다는 얘기다.

이런 조언이 개인의 삶에만 약이 되는 것은 아니다. 사회나 국가로 확장해 생각할 수 있다. 지속가능한 삶과 정치는 어떻게 가능할까? 다양한 답변이 나올 수 있다. 무병장수라면 노자를 빼놓을 수 없다. 모두 81장으로 된 『도덕경』을 관통하는 주제는 무병장수의 비결이라고 해도 지나친 말은 아니다.

'조심조심, 미리미리' 사례는 『노자』에서 얼마든지 찾아볼 수 있다. 노자가 말하는 '무위'의 삶과 정치도 그런 것이다. 평생 독실한 기독교 신자로 살아온 김형석 교수의 삶이 노자적이라고 할 수도 있을 듯하다. 예수와 노자의 거리도 그리 멀지만은 않은 것 같다.

작은 생선을 삶듯이
겸허한 마음 자세로 …

그런데 '무위'가 대체 무슨 뜻일까? 그 뜻이 좀 막연해 보인다.
흔히 'Non-Doing'으로 영역하지만 아무것도 하지 않는다는 말
은 아니다. 행위를 하되 좀 다르게 하는 것을 가리킨다. 그런 '무
위'의 구체적 이미지를 『노자』에서 찾을 수 있다.

　그중 하나가 '약팽소선(若烹小鮮)'이다. '작은 생선을 삶는 것과
같다'는 말인데 '무위'가 그렇다는 것이다. 특히 큰 나라를 다스
릴 때 작은 생선을 삶는 것처럼 다스리라고 권유했다. 작은 생선
을 삶듯이 하라는 말이 어떤 정치공학적 테크닉을 가리키는 것
은 아니다. 그것은 마음 자세를 의미한다. 끝없이 아래로 아래로
흐르는 물과 같이 겸허한 마음이다.

　'팽(烹)'은 약한 불로 천천히 오래 삶는 조리법이다.(남회근, 『노
자타설』) 작은 생선을 삶듯 하라는 것은 결국 약한 불로 천천히 조
심스럽게 요리하라는 말인 셈이다. 약한 불은 은유적 표현이다.
지나치게 나를 내세우지 않는 마음가짐이라고 할 수 있다. 나만
옳다면서 내 생각을 강요하고, 내 이익만 취하려는 것과는 다른
태도다. 앞으로 해결책이 잘 보이지 않는 어려운 문제를 만날 때
면 거기서 한 걸음 물러나 '작은 생선'을 떠올려보는 것은 어떨까.

노무현 정부 4년 차를 맞이하던 2006년 1월, 교수신문의 설문 조사에서 새해 소망으로 뽑힌 사자성어가 '약팽소선'이었다. 우리나라 정권의 임기는 5년이다. 국정을 맡은 기간은 5년이지만 백년대계를 걱정하는 마음으로 조심스럽게 운영해달라는 민심이 거기에 담겼다.

이는 오늘의 시점에도 적용될 수 있다. 나라를 위해 일하는 사람의 마음가짐이 어떠해야 하는지 다시 한 번 곰곰이 되새겨보는 시간이 필요하다. 나 혼자 빨리 가는 것보다 함께 같이 가는 포용하는 마음이 필요한 때로 보인다.

백 년을 살아본 김형석 교수는 더불어 살았던 때가 행복했던 것 같다는 말도 했다. 다른 사람의 짐을 대신 져준 기억이 행복하게 오래 남는다는 이야기였다. 나는 다른 사람의 짐을 대신 져준 적이 얼마나 있는가? 혼자서 잠시 즐겁게 보낼 수는 있겠지만 오래도록 혼자 잘살 수는 없다.

마음챙김의 핵심,
알아차림

지금 무슨 일을 하든지 잠시 일을 멈추고 내가 숨을 들이마시고 내쉬는 순간을 알아차려보자. 이것이 마음챙김 명상이라면 너무 싱거운가?

살아 있는 사람은 누구나 숨을 쉰다. 명상은 일상에서 숨 한 번 크게 내쉬는 것으로 족할 때도 있다. 그러니 전혀 어렵지 않다. 숨쉬기에 무슨 대단한 고수가 필요한가. 복잡한 숨쉬기가 아니다. 그냥 숨쉬기다. 아주 어려운 비법이 있는 것처럼 과장하는 사람이 있다면 그런 사람과는 좀 떨어지는 것이 좋다.

　나는 단전호흡이나 복식호흡에 대해서도 너무 복잡하게 생각할 필요가 없다고 본다. 그래도 그런 쪽에 관심이 있는 분은 인천

용화선원의 송담 스님이 참선과 관련해 이야기하는 정도의 아주 간단한 복식호흡 정도면 충분할 것이다. 복식호흡이나 단전호흡 또는 그 어떤 호흡이든 마음챙김 명상에서 중요한 것은 내가 지금 호흡하는 순간을 알아차리는 일이다. 알아차림이 곧 마음챙김 명상이다.

호흡의 종류나 방법에 관심이 있다면 그 관심과 주의를 내 마음의 움직임으로 돌릴 필요가 있다. 코로 숨이 들어오고 나가는 그 순간에 가만히 주의를 기울여보는 것이 중요하다는 얘기다.

마음챙김 명상에서 호흡을 중시하는 이유가 뭘까. 숨을 쉬지 않으면 죽은 것이기에 호흡이 삶에서 가장 중요하고, 누구나 가장 쉽게 마음의 변화를 느껴볼 수 있는 소재이기 때문이다. 갓난아기도 숨은 쉰다. 지금 무슨 일을 하든지 잠시 하던 일을 멈추고 내가 숨을 들이마시고 내쉬는 순간을 알아차려보자. 이것이 마음챙김 명상이라면 너무 싱거운가? 그동안 명상을 어렵고 복잡하고 기이한 비법이 있는 것처럼 생각한 것은 아닌가? 또는 뭔가 특별한 비결이 있어서 그것만 배우면 단번에 인생 역전하는 행운을 기대한 것인가?

삶은 숨쉬기다. 숨을 안 쉬는 것은 죽음이다. 삶과 죽음의 경계가 한 호흡 사이에 있다. 생사의 경계가 대단히 멀리 떨어져 있는 것이 아니다. 한순간이다. 살아 있는 내가 지금 숨을 들이마신 다음 내쉬고 있다. 들이마시고 내쉬고, 들이마시고 내쉬고… 오직 호흡에 주의를 기울이고 숨이 들어오고 나가는 순간을 알아차려 보자.

일상의 삶은 순간의 연속으로 이루어진다. 순간순간의 변화를 알아차릴 수 있다면 일상의 모든 계기는 마음챙김 명상의 소재가 된다. 따로 시간을 내서 명상 수련을 할 필요도 없다. 그게 잘 안 되니까 새로운 습관을 들이기 위해 따로 시간을 내서 수련하는 것이다. 아침에 일어나서 명상하거나 자기 전에 방해받지 않는 편한 시간에 연습해보는 것도 좋다.

삶과 죽음의 경계가 한 호흡 사이에 있다

명상의 소재는 다양하다. 조용한 방에 들어가 반드시 앉아서 해야 하는 것은 아니다. 언제 어디서든 마음챙김 명상을 할 수 있다. 밥이나 간식을 먹을 때 이렇게 해보자. 음식을 들어서 눈과 코로 확인한 다음 입에 넣고 이로 씹어서 목구멍으로 넘기는 과정을 순간순간 알아차리면 그것이 곧 '음식 명상'이다. 물을 마시거나 커피를 마실 때도 가능하다.

카밧진의 MBSR 수련에서는 첫 시간에 건포도를 놓고 음식 명상 연습을 한다. 미국에서는 건포도를 쉽게 구할 수 있고 간편하게 다룰 수 있기 때문에 건포도를 택했을 뿐이다. 땅콩을 놓고 해도 좋고, 과자를 놓고 해도 괜찮다. 걸음을 걸을 때 알아차림을 적용하면 '걷기 명상'이 된다.

알아차림을 내 몸 감각의 변화에도 적용할 수 있다. 카밧진의 MBSR 수련에서 중요한 코스인 '보디 스캔(Body Scan)'이 그것이다. 발끝에서 머리끝까지 내 몸 곳곳을 스캔하듯이 쭉 훑어 올라가며 느낌의 변화를 알아차려보는 것이다. 대개 누워서 45분 정도 보디 스캔을 하는데, 반드시 그래야만 하는 것은 아니다. 앉아서도 할 수 있고, 잠시 짬을 내서 할 수도 있다. 시간이 길고 짧은 것이 중요한 것이 아니라 알아차림을 하느냐 못 하느냐가 관건이란 얘기다. 45분을 잡은 것은 매일 그 정도 시간을 내서 보디 스캔을 하면 효과가 좋다고 보는 것이다.

보디 스캔이나 정좌 명상을 하다 보면 졸음이 오는 경우가 있다. 보디 스캔을 하면서는 아예 잠이 들기도 한다. 명상하면서 몸이 이완되는 것이다. 몸의 이완은 명상에서 부수적으로 따라오는 현상이다. 이완이 마음챙김 명상의 목적은 아니다. 마음챙김 명상을 하면 집중력이 좋아지기도 하는데, 그런 집중력도 명상에 부수적으로 따라오는 효과이지 그 자체가 목적은 아니다.

호흡 명상을 하든, 음식 명상을 하든, 보디 스캔을 하든 알아차림이 곧 마음챙김 명상이다. 골방에 앉아서 좌선한다고 해도 알아차림이 없으면 제대로 마음챙김 명상을 한다고 할 수 없다. 그런 알아차림을 우리 감정의 변화에도 적용할 수 있다. 나는 어떤 상황에서 유쾌함을 느끼는가? 또 나는 어떤 상황에서 불쾌함을 느끼는가?

유쾌함과 불쾌함은 우리 마음을 움직이게 하는 두 요소다. 유쾌한 일만 계속되면 좋겠는데 그게 내 마음대로 되지 않는다. 불쾌한 일은 아예 생기지 말았으면 좋겠는데 그것도 내 뜻대로 되지 않는다. 내 뜻대로 되지 않을 때 불쾌함을 느끼고 화를 낸다. 불쾌함이 극에 달하면 지옥이 되고, 유쾌함이 극에 달하면 천국이 된다. 천국과 지옥, 온탕과 냉탕 사이에서 이리저리 왔다 갔다 하는 것이 우리가 살아가는 모습일 수 있다.

그동안 유쾌한 감정이나 불쾌한 감정을 느끼는 순간을 알아차리지 못했다면 이제부터 의도적으로 마음의 변화에 주의를 기울여보자. 알아차림이라는 새로운 습관을 들여보자는 얘기다. 알아차림을 한다는 것은 마음을 챙긴다는 것이다. 알아차림이 없다는 것은 마음을 놓치고 산다는 것이다. 알아차림 수련은 마음놓침이라는 옛 습관에서 마음챙김이라는 새로운 습관으로 바꾸는 연습을 하는 것이다.

불쾌한 감정이 들어오는 바로 그 순간 속으로 '아, 내가 불쾌한 감정을 느끼고 있구나' 하고 알아차려본다. 그러고는 즉각 내 마음의 주의를 몸의 감각으로 돌려보는 것까지가 훈련이다. 불쾌한 감정이 들어오는 것을 알아차린 순간 내 호흡으로 주의를 돌려보자. 또는 바로 그 순간에 내 주의를 콧등, 입술, 손바닥 등의 움직임으로 돌려보는 것도 좋다.

내 주의를 돌리는 호흡이나 콧등, 입술 등은 일종의 파도를 헤쳐 가는 배의 닻 같은 역할을 한다. 닻은 바다에서 배를 정박할 때 사용하는 도구이다. 내 주의를 호흡으로 돌림으로써 감정의 변화에 내 마음이 흔들리지 않고 안정을 유지하게 하는 것이다. 유쾌한 감정이 들어올 때도 같은 방식으로 훈련을 한다. '아, 내가 유쾌한 감정을 느끼고 있구나' 하고 알아차리는 것이다.

유쾌한 일과 불쾌한 일이 일어난 상황을 기록해보는 것도 도움이 된다. 유쾌한 일을 예로 들면, 먼저 유쾌한 경험의 내용을 적고, 그 일이 일어날 때 내가 유쾌한 기분을 알아차렸는지를 적는다. 그리고 그런 경험을 하는 동안 구체적으로 내 몸에서 어떤 감각을 느꼈는지, 나아가 그 사건이 지나간 뒤 내 마음의 느낌이 어땠는지 기록해보는 식이다. 불쾌한 일이 생겼을 때도 같은 방식으로 기록해볼 수 있다.

마음의 바다 위에 일렁이는
생각이라는 파도

선입견, 편견, 착각, 망상이 모두 생각의 부작용이다. 그런 생각이 우리를 꼼짝달싹 못하게 만드는 올가미가 된다. 우리가 어떤 생각에 사로잡혀 있다고 할 때 바로 그 생각이라는 올가미에 속박되어 있는 것이다.

인간은 생각하는 동물이다. 비판적 분석, 논리적 추론은 모두 생각의 산물이다. 주로 학교에서 배우는 것이 그런 생각의 능력이라고 할 수 있다. 정확하고 비판적인 사고는 우리가 문명을 발전시키는 데 필요한 요소다.

하지만 그것 못지않게 삶에서 중요한 요소가 있는데 이는 학교에서 잘 가르쳐주지 않는다. 그것이 바로 자기 마음의 변화를 알아차리는 능력이다.

인간은 생각하는 동물일 뿐만 아니라 알아차리는 동물이기도 하다. 알아차림의 영어 표현은 'awareness'인데, 이는 '자각'으로 번역하기도 한다.

우리 생각은 긍정적 기능만 하는 것이 아니다. 감정에 습관이 있듯이 생각에도 관성처럼 반응하는 습관이 있다. 개인이나 사회의 온갖 갈등은 우리 '생각 습관'에서 비롯하는 경우가 많기에 오히려 문제가 된다. 그런 생각 습관이 반복해서 일어난다면 개인과 사회의 분란도 끊이지 않을 것이다. 그런 생각의 습관에도 알아차림을 적용해볼 수 있다. 생각을 알아차리면 생각의 습관을 바꿀 수 있다.

어떤 사건이 닥치거나 상황에 변화가 생겼을 때, 그런 상황에 어떤 생각이나 판단이 떠오른다면 그 생각이나 판단을 알아차려보자. '아, 지금 이런 생각이 나는구나' 또는 '아, 이런 판단을 내리려고 하는구나' 하고 알아차려보는 것이다. 생각을 억누르고 강제로 없애는 것은 좋지 않다. 그렇게 하면 오히려 두통에 시달리게 될 뿐이다.

알아차림은 생각 감옥의
문을 여는 열쇠

생각의 습관은 종종 선입견에 좌우된다. 내 선입견에 따른 편견이 실제 상황을 왜곡하기도 한다. 편견은 착각과 망상으로 이어지곤 한다. 선입견, 편견, 착각, 망상이 모두 생각의 부작용이다. 그런 생각이 우리를 꼼짝달싹 못하게 만드는 올가미가 된다. 우리가 어떤 생각에 사로잡혀 있다고 할 때 바로 그 생각이라는 올가미에 속박되어 있는 것이다. 내 신념이라고 믿는 것이 혹시 편견의 올가미가 아닌지 돌아볼 필요가 있다.

편견과 망상의 올가미는 정치적·사회적 분쟁의 씨앗이 되는 경우가 많다. 예컨대 특정 관점을 지지하거나 특정 집단을 옹호하기 위해 자기 입맛에 맞는 자료와 증거만 모아놓고는 그것이 명백한 사실이 아닌데도 마치 진실인 것처럼 믿으라고 강요하기까지 한다. 알아차림은 이 같은 '생각 감옥'의 문을 여는 해방의 열쇠가 될 수 있다.

우리가 쓰는 언어 자체가 올가미의 도구로 작용할 수 있다. 그래서 명상하는 이들은 침묵이나 묵언을 연습하기도 한다. "도를 도라고 설명할 수 있으면 그것은 진정한 도가 아니다"라고 말한 『도덕경』의 설명도 인간의 편견, 선입견, 착각, 망상을 경계한 문구로 해석할 수 있다.

'민심의 바다'라는 말이 있듯이 마음은 흔히 바다에 비유된다. 인간의 생각은 그 바다 위에서 일렁이는 파도와 같다. 파도는 바다 표면에서 감지된다. 폭풍이 몰아치면 바다 표면이 거세게 출렁이며 파도가 일어나지만, 바닷속 깊은 곳까지 파도가 미치는 것은 아니다. 폭풍은 우리 삶에서 일어나는 각종 사건이다. 그런 사건이 닥칠 때 내 편견에 찬 생각으로 즉각 반응하는 것이 곧 파도를 만들어내는 일이다. 파도와 파도가 부딪치는 것이 갈등이고 분쟁이다. 그런 파도를 그대로 품어 안는 마음이 알아차림이라고 할 수 있다.

지금 이 글을 쓰는 나 역시 어떤 고정관념에 사로잡혀 있을지도 모른다. 자기 생각과 감정과 행동을 돌아보는 것이 알아차림이다. 노자가 말하는 도는 궁극의 개념이다. 어떤 깨달음이자 다르마라고 해도 좋다. 알아차림은 그 같은 궁극의 도와 다르마조차 다시 한 번 부정해보는 '깨어 있음'이라고 표현할 수도 있다.

위로가 필요한 시대
오늘을 살아가세요, 눈이 부시게!

그냥 배우가 아니다, 탤런트 김혜자는. '대사를 까먹었다'는 말마
저도 그가 하면 자연스러운 대사처럼 어울린다. 그런 그가 시청
자의 심금을 울렸다.

　우리는 누구나 아름다운 악기를 하나씩 가지고 태어난다. 각자
마음속에 들어 있는 악기다. 단지 알아차리지 못할 뿐이다. 서로
으르렁대기 바쁜 이 메마른 세태에 그 악기는 좀처럼 울릴 줄 모
른다.

김혜자는 내레이션만으로 한 번도 아니고 두 번씩이나 그 악기를 두드렸다. 한 번은 드라마 〈눈이 부시게〉로, 또 한 번은 백상예술대상 시상식에서 수상소감으로. 시청자들은 뜨거운 눈물로 공감했다.

"내 삶은 때론 행복했고 때론 불행했습니다. 삶이 한낱 꿈에 불과하다지만 그럼에도 살아서 좋았습니다." 이렇게 시작하는 내레이션 장면을 다시 보기 할 때마다 감동이 되살아난다. 백상예술대상 대상을 받은 김혜자는 계속 악기를 연주했다. "후회만 가득한 과거와 불안하기만 한 미래 때문에 지금을 망치지 마세요. 오늘을 살아가세요. 눈이 부시게! 당신은 그럴 자격이 있습니다."

과거-현재-미래는 인간이 만들어놓은 시간의 도구일 뿐이다. 도구가 우리를 구속한다. 이미 지나 되돌릴 수 없는 과거 때문에 우리는 괴로워하고, 올지 안 올지 모르는 미래를 염려하며 잠을 이루지 못한다. 오직 실재하는 것은 지금 여기일 뿐인데, 그 현재에 오롯이 집중하지 못하는 것이다. 스트레스와 우울증의 원인이 여기에 있다. 과거와 미래 때문에 지금을 망치지 말라는 김혜자의 호소는 그런 의미로 들린다. 오늘을 살아가세요, 눈이 부시게. 참 눈부신 연주다.

록밴드 들국화의 보컬 전인권의 목소리가 연상된다.

"나의 과거는 어두웠지만 / 나의 과거는 힘이 들었지만 / 그러나 나의 과거를 사랑할 수 있다면 / 내가 추억의 그림을 그릴 수만 있다면 / 행진 행진 행진…."

전인권의 목소리는 날카롭게 갈라지면서 듣는 이의 가슴을 파고든다. 우리의 '행진'을 가로막는 미래에 대한 쓸데없는 걱정에 대해서도 그는 이렇게 풀어놓는다.

"나의 미래는 항상 밝을 수는 없겠지 / 나의 미래는 때로는 힘이 들겠지 / 그러나 비가 내리면 그 비를 맞으며 / 눈이 내리면 두 팔을 벌릴 거야 / 행진 행진 행진…."

전인권이 목 놓아 외치는 소리도 다름 아닌 현재를 붙잡으라는 얘기로 들린다.

행복과 평화는 여기, 바로 지금 이 순간

우리는 위로가 필요한 시대를 살고 있다. 대배우는 위로가 되는 드라마를 만들어줘서 고맙다는 말을 많이 들었다고 한다. 예술이 주는 위로는 흔히 눈물을 동반한다. 우리 마음의 악기가 울리는 소리는 눈물로 표현된다.

우리 역사에도 눈물이 많다. 눈물이 흘러넘친다고 해야 할지 모르겠다. 개개인의 삶과 행진이 이어지면 역사가 된다. 역사의 스트레스와 우울증이 우리를 괴롭힌다면 어떻게 해야 할까. 김혜자의 내레이션을 우리 역사에 대입해볼 수 있다. 이건 나의 가상 문구다.

"우리 역사는 때론 행복했고 때론 불행했습니다. 역사가 한낱 꿈에 불과하다지만 온갖 역경을 딛고 지금 이렇게 잘 살게 되어서 좋습니다. 안중근-3·1운동-이봉창-윤봉길-광복군으로 이어지는 항일 투쟁, 광복과 새 정부 수립의 새벽녘 향기, 우리도 잘 살아보자는 산업화 바람, 백성이 주인 되는 민주화 열기, 평화와 통일의 21세기 희망… 어느 시대이고 눈부시지 않은 때가 없습니다."

그리고 이 가상 문구를 김혜자의 내레이션처럼 이렇게 마무리하고 싶다.

"지금 삶이 힘든 당신, 이 땅에 태어난 이상 당신은 이 모든 걸 누릴 자격이 있습니다. 대단하지 않은 하루가 지나고 또 별것 아닌 하루가 온다 해도 이 땅의 삶은 살 가치가 있습니다. 누군가의 엄마였고, 아빠였고, 누이였고, 오빠였으며, 딸·아들이었을 우리 국민 모두에게 이 말을 전해주고 싶습니다."

김혜자의 감동은 그가 죽음을 연기하기 때문에 배가된다. 영원히 살 것처럼 행동하는 이들이 있지만 사실은 그렇지 않다는 것을 우리는 잘 안다. 한 번뿐인 인생, 어떤 음악을 연주할 것인가. 좋은 음악은 전염된다.

세계의 유명한 명상가들이 이구동성으로 하는 조언도 현재에 집중하라는 말이다. 죽음을 기억하라는 경구와 함께. 현재에 집중하는 길은 숨 한 번 크게 들이마시고 내쉬는 일에서 시작한다. 행복의 열쇠는 그리 먼 곳에 있지 않다.

왜 고통은 우리 인생에서
사라지지 않는가

명상이라는 용어조차 모르고 가방끈이 길지 않다 하더라도 일상
생활에서 어울려 살아가는 모습이 마치 명상을 많이 한 것처럼 보
이는 사람도 있다.

20대부터 불교에 관심이 있었고 국내 여행을 다닐 때마다 사찰
방문을 빼놓지 않았다. 하지만 그냥 둘러볼 뿐이었다. 한 번도 대
웅전이나 관음전에 들어가 절을 해본 적은 없었다. 절을 하지 않
고 그저 절을 찾아가기만 했을 뿐이다. 절은 절을 하러 가는 곳이
라는 생각을 하게 된 것은 지금부터 5년 정도밖에 되지 않는다.

절 한 번 하지 않고 수많은 절을 다녔다고 한 스님께 말씀드린
적이 있다. 다음과 같은 답변이 돌아왔다. "절을 하지 않아도 돼

요. 절을 찾은 인연의 공덕도 큽니다."

인연이란 그런 것인가 싶다. 한 번도 하지 않던 절을 처음 하게 되면서 절이 나를 내려놓는 연습이라는 생각을 하게 되었다. 체력이 달려 한번에 백 배, 천 배씩 하지는 못하지만 한 번 하더라도 간절한 마음으로 하는 그 순간이 중요하다.

간절한 마음으로 나를 내려놓는다는 것은 다름 아닌 내 오만함을 내려놓는다는 것을 의미한다. 고개를 뻣뻣이 뒤로 젖히고는 절을 할 수 없다. 절을 하려면 고개를 숙여야 한다. 절하기 위해 고개를 숙이고 무릎을 굽히며 손으로 바닥을 짚는 순간순간을 알아차린다면 '절 명상'이라고 할 수 있다.

명상도 사람이 하는 일이다. 사람이 하는 문화의 일종인데 그 영역이 다채롭고 아주 넓은 분야에 두루 걸쳐 있다. 종교, 철학, 심리학, 의학, 교육학 등을 망라한다. 지레 겁먹을 필요는 없다. 그런 걸 다 알아야 명상을 잘하는 것은 아니니까. 긴 가방끈은 오히려 장애가 되어 명상이 어려울 수도 있다.

돈이 많고 권력이 있는 사람이라고 해서 명상을 더 잘하리라는 보장이 없다. 명상의 시작도 사람이고 끝도 사람이라고 생각한다. 남녀와 노소, 빈부와 귀천을 막론하고 사람이라면 누구나 명상을 할 수 있다. 대단한 준비물도 필요 없다. 단지 열린 마음과 간절한 마음으로 시작하면 된다.

명상의 역사는 수천 년 전으로 거슬러 올라간다. 문명의 시작과 함께했을 수도 있다. 마음챙김 명상의 연원을 거슬러 올라가면 동아시아 남방불교권의 위파사나 수행과 만나게 된다. 카밧진과 함께 미국의 마음챙김 명상 1세대로 꼽히는 조셉 골드스타인, 잭 콘필드 등은 실제 미얀마, 태국 등에서 승려 생활을 하며 위파사나 수행을 하기도 했다. 지금은 모두 승려복을 벗고 평상복 차림으로 마음챙김 명상을 전한다.

베트남 출신으로 1970년대 미국에서 활동한 틱낫한 스님도 마인드풀니스(마음챙김) 명상을 널리 알린 인물이다. 여기에 숭산 스님이 전한 한국 선불교의 영향도 적지 않다.

티베트의 달라이 라마도 마음챙김 명상에 많은 영향을 미쳤다. 미국에서 유행하는 마음챙김 명상에는 남방불교, 북방불교, 티베트불교 등이 모두 종합되어 있는 셈이다. 미국은 기독교 국가라는 점에서 '기독교 명상'의 영향도 기본적으로 배어 있다고 봐야 한다.

여기에 더해 1990년대 이후 뇌과학의 발전이 크게 작용했다. 뇌를 촬영하는 과학 기술의 발전에 힘입어 우리 마음이 뇌에 미치는 어떤 영향을 눈으로 확인할 수 있게 된 것이다. 이런 배경이 모두 복합적으로 작용해 '마음챙김 혁명'이 가능하게 되었다.

고통을 줄인다는 것은
고통을 관리한다는 말

명상을 많이 하면 어떻게 될까? 마음이 안정되어 뇌가 변화한다면 어떤 사람이 되는 것일까? 명상을 아주 많이 했다고 해서 궁극적으로 사람이 아닌 다른 무엇이 되는 것은 아니다. 그렇더라도 명상이 사람으로 살아가는 데 대단히 큰 도움을 주는 것은 사실로 보인다. 마음챙김 명상의 부수 효과로 몸이 이완되고, 스트레스가 줄며, 집중력이 높아져 공부도 더 잘하고 판단력도 좋아질 수 있다. 다만 하늘을 붕붕 날아다니는 기이한 상상을 할 필요는 없다.

21세기 미국에서, 그것도 IT 전문가들이 모여 있는 실리콘밸리에서 명상 바람이 부는 데는 과학의 명료함이 뒷받침되어 있다. 그런 점에서 명상의 고수라고 자처하며 교만한 교주처럼 언행을 하는 부류는 오히려 위험하니 멀리하는 것이 좋다.

기이한 행동으로 주목을 받으려는 사람도 있을 듯한데 그런 부류 또한 이 책에서 말하려는 명상과는 거리가 멀다. 명상이라는 용어조차 모르고 가방끈이 길지 않다 하더라도 일상생활에서 어울려 살아가는 모습이 마치 명상을 많이 한 것처럼 보이는 사람도 있다.

예컨대 평생 자식들을 키우며 헌신적으로 가정을 보살펴온 어머니들은 명상이라는 말을 모른다 하더라도 명상을 몸으로 보여주는 삶을 살았다고 할 수 있다. 보살핀다는 말이 명상의 의미를 잘 함축하는 듯하다. 나를 보살피고, 가족을 보살피고, 사회를 보살피고, 나라를 보살피고, 세계를 보살피는 일이 다 명상과 무관하지 않다.

명상을 많이 하면 사람의 상황을 벗어나는 것이 아니라 오히려 '진정한 사람'이 되는 길이라고 할 수 있다. 잘 먹고, 잘 자고, 잘 놀고, 잘 소통하는 일이 우리 삶의 기본이다. 그중 어느 하나라도 잘 돌아가지 않으면 당장 티가 난다. 잠을 못 자거나 잘 먹지 못하면 얼굴부터 달라지게 마련이다. 다른 사람들과 잘 놀고 잘 소통하지 못해도 마찬가지다. 먹고, 자고, 놀고, 소통하는 데 문제가 생기면 스트레스가 쌓인다. 스트레스가 계속 쌓이면 결국 병이 된다.

스트레스가 만병의 근원이다. 그걸 모르는 사람은 없을 것이다. 암의 주요 원인도 스트레스라고 한다. 스트레스가 과중하면 면역력이 약해진다. 스트레스는 고통으로 번역할 수 있다. 잘 먹고, 적절한 운동이나 취미 활동을 하고, 충분한 수면을 취함으로써 스트레스를 제때 해소해야 한다.

명상도 일종의 운동이나 취미로 생각할 수 있다. 체력을 관리하기 위해 헬스장에 가서 몸을 단련하는 것과 마찬가지로 '마음의 병'인 스트레스를 관리하기 위해 마음의 운동을 하는 것이다. '마음 근육'을 단련하기 위해서다.

병원에 입원한 환자에게만 고통이 있는 것이 아니다. 살아 있는 모든 사람은 스트레스, 즉 고통이 있게 마련이다. 스트레스와 고통이 없는 삶은 없을 것이다. 고통은 인생의 상수다. 고통이 없으면 삶도 없다. 고통은 없애는 것이 아니라 줄이는 것이다. 줄이고 줄이다 보면 마치 없어진 것처럼 보이기도 한다.

고통을 줄인다는 것은 고통을 관리한다는 말이기도 하다. 고통을 없애려고 하다 보면 고통과 대결 자세를 취하게 된다. 고통이 그렇게 해서 없어진다면 인류 역사상 수많은 성인과 현인이 나올 필요가 없었을 것이다.

마음챙김 명상은 '고통의 역설'을 이야기한다. 아픔에 저항하면 할수록 오히려 고통이 더 커진다는 것이다. 고통의 크기를 마음챙김 명상에서는 다음 공식으로 이해한다.

아픔 × 저항 = 고통

임상심리학자이자 명상가인 크리스토퍼 거머의 설명에 따르면, '아픔'은 사고, 질병, 사랑하는 사람의 죽음처럼 우리 삶에 찾아드는 피할 수 없는 불편함을 가리킨다.

'저항'은 아픔을 피하기 위한 모든 노력을 말한다. 예컨대 몸을 긴장시킨다거나 아픔을 사라지게 만들 방법을 찾는 것이다. 아픔이 불가피하다면 저항을 줄임으로써 고통을 줄일 수 있다. 만약 저항이 제로라면 고통도 제로가 될 것이다.

마음챙김 명상은 만성질환이 있거나 정서적 아픔이 클 때 시도해봐도 좋다. 마음챙김 명상을 한다고 해서 무슨 부작용이 생기는 것도 아니다. 마음의 움직임을 관찰하는데 무슨 부작용이 생기겠는가. 아픔이 느껴지는 순간을 알아차리는 것이 마음챙김 명상이다.

아픔에 저항하려고 하지 말고 '아, 지금 아픔이 느껴지는구나' 하고 알아차리면서 내 마음을 관찰해보자. 그러면 고통이 줄어드는 것처럼 느껴질 수 있다는 것이 명상에서 말하는 '고통의 역설'이다. 스트레스, 즉 고통을 어떻게 줄이냐가 좋은 삶, 행복한 삶의 주요 조건이다. 세상에 고통이 없다면 명상도 없을 것이다.

마음챙김,
모든 순간을 기적으로 바꾼다

스트레스나 고통은 장애물이 아니라 오히려 마음챙김으로 들어
가는 문이다. 배고픈 사람이 빵을 찾듯이, 목마른 사람이 물을 찾
듯이, 고통을 느껴야 명상의 의미도 알 수 있다.

잘살고 싶지 않은 사람은 별로 없을 것이다. 사람들은 대개 행복
해지고 싶어한다. 이고득락(離苦得樂), 즉 고통과 이별하고 즐거움
을 얻고자 하는 것이 보통 사람들의 바람이다. 행복해지려면 행
복의 문을 두드려야 한다. 불행의 문을 계속 두드리면서 행복하
기를 바랄 수는 없다. 나는 지금 행복의 문을 두드리고 있는가,
불행의 문을 두드리고 있는가.

마음챙김은 행복의 세계로 들어가는 하나의 문이다. 스트레스

나 고통 또는 불만족이 행복을 가로막는 장애요인일까? 명상의 관점에서 보면 꼭 그런 것만은 아니다. 스트레스나 고통은 장애물이 아니라 오히려 마음챙김 명상으로 들어가는 문이다. 배고픈 사람이 빵을 찾듯이, 목마른 사람이 물을 찾듯이, 고통을 느껴야 명상의 의미도 알 수 있다.

사람들은 흔히 물 위를 걷거나 공중에 뜨는 것을 기적이라고 생각한다. 하지만 진짜 기적은 그런 것이 아니라 '땅 위를 걷는 것'이다. 틱낫한 스님의 말이다.

"날마다 우리는 온갖 기적 속에 파묻혀 살면서 그것들을 알아보지 못한다. 파란 하늘, 흰 구름, 초록색 나뭇잎, 호기심으로 반짝이는 아이의 검은 눈동자, 그리고 그것들을 보는 우리의 두 눈, 이 모두가 진짜 기적이다."

마음챙김은
행복으로 들어가는 문

기적이란 다른 먼 곳에 있는 것이 아니다. 지금 여기에 내가 온전히 존재한다는 그 자체보다 더 귀한 기적은 없다. 내가 지금 땅 위를 걷는다는 사실을 기적으로 느낄 수 있다면 마음챙김의 문

안으로 성큼 들어섰다고 할 수 있다.

나 혼자만의 기적은 아니다. 지금 여기에 있는 존재가 모두 기적이다. 나를 기적으로 볼 수 있다면 내 앞에 지금 존재하는 상대방도 기적으로 받아들여야 한다. 나도 기적이고 상대방도 기적이다. 우리 모두 지금 여기에 기적처럼 존재한다.

마음챙김 명상에서 많이 회자되는 말이 있다. "숨을 쉬고 있는 한 우리에게는 잘못된 것보다 옳은 것이 더 많다." 카밧진이 만성통증 환자들에게 마음챙김 명상을 권유하며 한 말이다. 지금 아픔을 느끼는 모든 이에게, 지금 어디에서인가 스트레스와 고통을 받고 있는 모든 존재에게 이 말을 전하고 싶다. 숨을 쉬고 있는 한 당신에게는 잘못된 것보다 잘된 것이 더 많다고 말이다.

잘못된 것을 지적하고 고치는 일도 필요하겠지만, 마음챙김 명상에서 먼저 주의를 기울이는 것은 잘된 것을 잘된 것으로 바라보는 일이다. 존재 자체가 기적이라는 점에 주목하면 지나치게 무엇인가를 하려고 애쓸 필요도 없다. 끊임없이 무슨 일이라도 해야만 한다는 생각이 우리 마음을 늘 분주하게 만든다. 한시도 차분하게 자기 존재 자체가 기적임을 관찰할 여유를 갖지 못하게 한다. 심지어 명상을 한다면서도 지나치게 어떤 목적을 달성해야 한다는 식으로 애쓰는 것은 아닌지 되돌아봤으면 한다.

마음챙김과 BTS
'러브 유어셀프'

무한경쟁 사회는 자기 비난과 타인 혐오를 부추긴다. 이런 부정적 세태에 대한 따뜻한 위로와 반성이 '자신을 꼭 껴안아주라'는 BTS 만트라에 담겨 있는 듯하다.

13세기 페르시아 시인 잘랄루딘 루미는 〈여인숙〉이라는 시에서 "인간이라는 존재는 여인숙과 같다"고 했다. 매일 아침 새로운 손님이 우리 마음속에 찾아온다고 보았기 때문이다. 손님을 맞이하는 여인숙에 우리 마음을 비유한 것이다. 루미가 말하는 손님은 인간의 변화무쌍한 감정을 가리킨다. 기쁨·절망·슬픔 같은 감정이 예기치 않은 방문객처럼 우리를 찾아온다는 말이다.

이런 불청객을 어떻게 대우해야 할까? 루미가 제시한 방법은 오늘날 마음챙김 명상과 유사한 점이 많아 참고할 만하다. 13세기 루미 시대의 인간이나 21세기 인간이나 감정을 조율하는 문제는 크게 다르지 않은 것 같다.

루미는 감정 손님들이 찾아오는 그대로 모두 존중해 맞아들이라고 한다. 우리는 대개 듣기 좋은 소리만 받아들이는 경향이 있다. 거슬리는 소리에는 반대 반응을 보이곤 하는데, 수용하기 거북한 손님도 문전박대하지 말라는 얘기다. 부정적으로 보이는 손님들이 어떤 새로운 기쁨을 가져다줄지 모르는 것 아닌가. 그런 전화위복의 시각이 루미가 쓴 시에 깔려 있다.

중국 고사성어에 '새옹지마(塞翁之馬)'가 있다. 말을 기르던 노인이 말을 잃고 얻음에 일희일비하지 않았다는 이야기다. 화(禍)가 복(福)이 되기도 하고, 복이 다시 화로 변하기도 하는 인생의 무상함을 알려준다.

무상(無常)이란 무슨 뜻인가. 변하지 않는 것은 없다는 얘기다. 모든 것은 변한다. 기쁨이 영원하길 바라지만 그렇지 않기 때문에 우리는 아쉬워한다. 큰 슬픔도 오래갈 것 같지만 시간이 지나면 잊히면서 상황이 바뀌는 것이 세상살이다.

시간의 흐름과 만물의 변화는 철학의 오래된 주제다. 노자는 이렇게 표현했다. "반대 방향으로 돌아가는 것이 도(道)의 움직임이다." 이때 도는 세상 만물의 이치라고 할 수 있다. 노자는 화와 복이 잇따라 돌고 도는 모습을 보여준 것이다.

"화여, 복이 거기에 기대어 있다. 복이여, 화가 거기에 잠복해 있다." 화와 복이 서로 의존한다는 얘기다. 불변의 화와 복이 각기 고정되어 있지 않다는 말이다. 노자는 바름과 기이함, 좋음과 요망함을 추가로 예로 들며 보충 설명을 하기도 했다. "바르게 되어 있는 것은 다시 기이한 것이 되고, 좋은 것은 다시 요망한 것이 된다."

루미와 노자, 새옹지마의 지혜는 세속적인 나이가 들어감에 따라 비로소 조금씩 이해되는 것일까? 꼭 그런 것만은 아닌 것 같다. 방탄소년단(BTS)을 보면서 그런 생각을 하게 된다. BTS는 20대 젊은이들로 구성된 세계적인 '힙합 아이돌'이다. 현란한 댄스에 맞춰 쏟아내는 이들의 노랫말이 의미심장하다. 힙합과 랩에 실린 가사라고 낮춰보면 안 된다.

당신 자신을 사랑하라, 세계가 공감한 'BTS 만트라'

BTS의 대표 앨범 '러브 유어셀프 전 티어(Love Yourself 轉 Tear)'는 '당신 자신을 사랑하라'는 뜻을 담았다. 문학평론가 신형철은

'BTS 만트라(mantra)'라는 재미있는 표현을 썼다. 만트라는 산스크리트어로 깨달음을 위한 주문 같은 것이다. 자기 몸과 마음을 다스리며 타인과 세상의 평화를 기원하는 의미로 사용된다. BTS의 '러브 유어셀프'가 그런 기능을 한다는 얘기다. BTS 만트라는 재미있으면서도 정곡을 건드린 표현으로 보인다.

만트라 자체가 실제 명상의 일종이기도 하다. 세계 톱클래스 가수들만이 한다는 월드 투어의 주제도 '러브 유어셀프'였다. 영국의 전설적 록밴드 퀸이 섰던 윔블리경기장 무대에서도 BTS 만트라는 울려 퍼졌다. BTS 리더 RM은 유엔의 초청으로 유엔총회에서 연설했는데 그 주제도 '러브 유어셀프'였다.

"당신이 누구이고 어디서 왔고 피부색이 무엇이든 간에, 남성이든 여성이든 여러분의 목소리를 내십시오"라고 RM은 연설했다. '러브 유어셀프'는 '스피크 유어셀프(Speak Yourself)'와 짝을 이룬다. 7분가량 진행된 연설 말미에 RM은 "많은 잘못을 했고 두려움도 많지만 저 자신을 꼭 껴안아줄 것"이라고 했다. 이 대목에서 '러브 유어셀프'가 무슨 의미인지 좀더 구체적으로 다가온다.

살면서 실수나 잘못을 한 번도 하지 않는 사람이 있을까? 아마 없을 것이다. 보통 인간은 실수나 잘못을 하면서 살아간다. 실수와 잘못과 두려움 속에 갇힌 자신을 극도로 미워하며 우울증에 빠지는 이들도 있다.

때로는 자기 비난이 타인을 미워하는 감정으로 나타나기도 한다. 무한경쟁 사회기 자기 비난과 타인 혐오를 부추기기도 한다. 이런 부정적 세태에 대한 따뜻한 위로와 반성이 '자신을 꼭 껴안아주라'는 BTS 만트라에 담겨 있다.

어떻게 하면 자신을 안아줄 수 있을까? 먼저 주어진 현상이 영원할 것이라는 생각부터 바꾸어야 한다. 그러면 일희일비하는 일이 줄어들 수 있다. 루미가 제안한 것처럼 손님으로 대우하는 것이다. 이런 마음 자세를 소극적이라고 헐뜯을 필요는 없다. 세계의 젊은이들이 BTS 만트라로 위로를 받았다는 말을 많이 하는 것을 보면, 기성세대가 잘 이해하지 못하는 무엇이 그들 노래에 있는 것 같다.

이에 대한 신형철의 해석은 참고할 만하다. "BTS 만트라(당신 자신을 사랑하라)를 두고 값싼 '셀프 위로' 유행의 변종일 뿐이라고 비판하기 전에, 그것이 세계의 청소년들에게 미치는 영향력을 겸허히 확인할 일입니다. 그 만트라가 우리 시대의 청(소)년들을 자기혐오에서 끌어내고 그들의 영혼을 그야말로 '방탄'된 영혼으로 만들 수 있다면 얼마나 다행이겠습니까." (김영대, 『BTS: The Review』)

'러브 유어셀프'는
MSC 명상의 지향점

'러브 유어셀프'는 실제 마음챙김 명상의 중요한 주제다. 미국에서 2010년경 유행하기 시작한 '마음챙김-자기연민(Mindful Self-Compassion)' 명상에서 '러브 유어셀프'는 핵심적 위치를 차지한다. 영문 앞 글자를 따서 'MSC 명상'이라고 한다. 이를 만든 심리학자 크리스토퍼 거머와 크리스틴 네프의 책 제목에 MSC 명상의 지향점이 잘 드러나 있다. 거머의 『오늘부터 나에게 친절하기로 했다』와 네프의 『러브 유어셀프』가 그것이다.

우리는 대개 남들이 고통받는 것을 보면 부드럽게 온정을 베풀면서 정작 자기 자신에게는 그렇게 잘하지 않는 경우가 많다. 거머와 네프는 이 점에 착안했다. 약점이나 결함이 있는 자신을 있는 그대로 인정하고 받아들이는 데서 새롭게 시작해보자는 것이다. 먼저 자신에게 연민을! 이것이 MSC 명상의 기본 출발점이다.

자기 연민이 자기 세계 속에만 안주하는 것은 아니다. 자기 연민에서부터 타인을 향한 사랑을 시작하는 것이다. 자기 연민의 의미, 타인 사랑과의 관계를 달라이 라마는 이렇게 말했다.

"연민이란 우리가 품는 연민의 대상이 고통에서 자유롭기를 소망하는 마음가짐입니다. 먼저 우리 자신을 따뜻이 껴안으세요. 그러고 나면 더 고귀한 길로 나아가 남들까지 껴안게 될 겁니다."

BTS의 노랫말을 다시 감상해보자. "어쩌면 누군가를 사랑하는 것보다 / 더 어려운 게 나 자신을 사랑하는 거야 (중략) 어제의 나 오늘의 나 내일의 나 / I'm learning how to love myself / 빠짐 없이 남김없이 모두 다 나."

* * *

인간이라는 존재는 여인숙과 같다.
매일 아침 새로운 손님이 도착한다.
기쁨, 절망, 비열함
그리고 어떤 순간에 깨어 있음이
예기치 않은 방문객처럼 찾아온다.

그 모두를 환영하고 맞아들이라.
설령 그들이 슬픔의 무리이거나
그대의 집을 난폭하게 쓸어가버리고
가구들을 몽땅 내가더라도.

그렇다 해도 각각의 손님들을 존중하라.
그들은 어떤 새로운 기쁨을 주기 위해
그대를 청소하는 것인지도 모르니까.

어두운 생각, 부끄러움, 후회.
그들을 문에서 웃으며 맞으라.

그리고 그들을 집 안으로 초대하라.
누가 들어오든 감사하게 여기라.
모든 손님은 저 멀리에서 보낸
안내자들이니까.

- 루미, 〈여인숙〉(The Guest house)

자기 비난의 늪에서 나오게 하는 '전폭적 수용'

늪에 빠지면 어떻게 해야 할까? 영화의 한 장면을 떠올려보자. 대개 허우적거리며 빠져나오려고 안간힘을 쓰다가 더 깊이 빨려 들어간다. '난 무엇인가 근본적으로 잘못되었어'라고 비하하는 자기 비난은 부정의 늪에 빠진 상태에 비유할 수 있다. 늪에 빠졌다면 거기서 나오는 것보다 시급한 일은 없다. 마음챙김 명상과 자기 연민은 그런 늪에서 빠져나오는 의도적 훈련이다.

  미국의 명상 전문가 타라 브랙은 자기혐오의 늪에서 빠져나오는 방법으로 '전폭적 수용(radical acceptance)'을 제시한다. "전폭적 수용은 자신을 무시한 세월, 자신을 판단하고 거칠게 다룬 세월, 지금 이 순간의 경험을 거부한 세월에 대한 필수 해독제입니다."(타라 브랙, 『받아들임』)

어떻게 전폭적으로 수용할 수 있을까? 마음챙김 명상을 하며 자기 경험을 부드럽게 감싸 안을 때 가능하다고 했다. 자기연민의 자비로운 마음은 자신에게서 끝나는 것이 아니라 점차 넓어지면서 세상에 대한 사랑으로 확장된다. 20세기 인도의 명상가 스리 니사르가다타의 제안도 되새겨볼 만하다.

"내가 당신에게 당부하는 건 이뿐이다. 당신 자신을 완벽하게 사랑하라."

마음챙김 명소를 찾아서,
종묘와 명상

죽음을 피해 갈 수 있는 사람은 없다. 영원히 권력을 휘두를 것 같고, 영원히 살 것 같은 생각이 드는 이가 있다면 잠시 시간을 내서 종묘에 한번 들러보길 권한다.

무엇이 사람의 마음에 감동을 일으킬 때 흔히 '심금을 울린다'는 말을 쓴다. 상투적 표현일 수도 있지만 그 의미가 꽤 그윽하다. '심금(心琴)'은 '마음의 거문고'라는 뜻이다. 눈에 보이지 않는 마음을 구체적 사물인 거문고에 비유했다.

뭔가 일이 뜻대로 잘 풀리지 않을 때 우리는 화를 내거나 짜증스러운 표정을 짓는다. 마음의 거문고가 거칠게 울리는 순간이다. 그 순간을 알아차리고 거문고 줄의 튜닝을 새롭게 하는 것이 일종의 마음챙김 명상이라고 할 수 있다.

올해 역시 '해피 뉴 이어(Happy New Year)'라는 인사말로 시작했다. 새해 모두의 마음속 거문고가 행복하게 울리기를 희망하는 것이다. 뉴욕 타임스 스퀘어의 새해맞이 무대에 세계의 스타들과 나란히 오른 방탄소년단(BTS)이 기원한 인사말도 '행복한 새해'였다.

그 소망이 무색하게 신년 벽두부터 전쟁의 소리가 들려왔다. 이란과 이라크 부근의 오래된 분쟁지역에서 전해지는 소리다. 마음챙김 명상의 관점에서 볼 때 전쟁은 극단적 소음이다. 어떻게 하면 전쟁을 평화로 돌릴 수 있을까?

세상에는 국제적 전쟁만 있는 것이 아니다. 국내 전쟁도 만만치 않다. 남북한 대치 상황만 가리키는 것이 아니다. 남남 갈등이 거의 전쟁 수준이다. 그런 국내외 전쟁을 바라보는 내 마음속에도 갈등이 있다. 갈등은 내 마음의 전쟁이다. 우리는 온통 전쟁 속에서 산다고 할 수도 있다. 새해부터 죽음의 그림자가 짙게 드리우고 있다.

새해 첫 휴일에 서울 종로4가에 있는 종묘를 찾았다. 지난해 12월 말 종묘~창경궁 사이의 율곡로터널이 확대 개통되었다는 소식을 들었기에 한번 가보려던 참이었다. 종묘와 창경궁은 본래 하나로 연결된 궁이었는데 1931년에 일제가 그 사이에 도로를 내면서 두 섬처럼 갈리게 되었다.

해방 이후 작은 구름다리를 설치해 서로 연결하긴 했지만 옹색하기 그지없었다. 그러다보니 처음부터 별개였던 것처럼 아는 이들도 적지 않았다. 그런 종묘와 창경궁이 제대로 연결되면서 본래 모습을 되찾게 되었다.

2001년 말 건축가 김석철 선생을 만난 일이 기억난다. 내가 종묘~창경궁의 녹지축 복원 구상을 처음 접한 것은 그때였다. '600년 역사도시'를 강조하면서 서울의 역사성과 환경과 관광자원을 되살리자는 열정적 웅변이 인상적이었다. 김석철의 그랜드 디자인에는 종묘~창경궁 녹지축 복원, 청계천 복원, 광화문 광장 조성 등이 포함되어 있었다.

이 같은 김석철의 구상은 2002년 초 〈중앙일보〉에 기획특집으로 연재되었다. 그해 대통령선거를 앞두고 대선 후보들이 이를 공약으로 채택하길 바라는 마음에서였다. 노무현, 이회창 후보 측은 별로 관심을 보이지 않았다. 이를 눈여겨본 이는 서울시장에 당선된 이명박이었다.

이런 과정을 거쳐 청계천 복원 사업이 시작되었고, 광화문 광장에 이어 종묘~창경궁 녹지축도 이제 살아나게 되었다. 신문 연재를 위해 김석철을 수시로 만나며 서울의 그랜드 디자인을 함께 꿈꾼 일은 즐거운 추억으로 남아 있다.

종묘는 조선의 역대 왕과 왕비의 신주를 모셔놓은 곳이다. 단순히 문화유산이라고 하기보다 마음챙김 명상의 관점에서 새롭게 주목할 만하다. 삶과 죽음이 만나는 도심의 명상 공간으로 제격이다. 아무리 많은 권력과 부를 지녔다 해도 영원히 살 수 있는 사람이 있는가? 부귀영화를 누린 제왕도 결국 돌아가게 마련이다.

그랜드 디자이너 김석철도 이미 떠났다. 죽음을 피해 갈 수 있는 사람은 아무도 없다. 영원히 권력을 휘두를 것 같고, 영원히 살 것 같은 생각이 드는 이가 있다면 잠시 시간을 내서 종묘를 한번 들러보길 권한다.

가만히 숨을 가다듬고 마음의 거문고를 조율해보자. 거문고 줄이 어떤 상태인가. 팽팽하다고 해서 다 소리가 고운 것은 아니다. 물론 줄이 느슨하면 안 되겠지만 너무 팽팽해도 좋은 소리가 나지 않는다. 느슨하지도 않고 팽팽하지도 않은 적당한 조율은 거문고를 통해 경험하는 중도 또는 중용의 경지라고 할 수 있다. '거문고 중도'는 마음챙김 명상과 닮아 보인다. 과유불급(過猶不及)도 같이 연상되는 사자성어다. 중도를 중시한 공자의 말이다.

공자의 제자 자공이 또 다른 제자인 자장과 자하를 평하면서 둘 중 누가 더 낫냐고 물었다. 공자의 대답은 "자장은 지나치고(過), 자하는 미치지 못한다(不及)"는 것이었다. 자공이 재차 물었다. "자장이 더 낫다는 말씀인지요?" 공자가 답했다. "지나침은 미치지 못함과 같다."

어느 한쪽을 편들지 않으면서 전체 현실을 사랑하라

늘 적당한 수준이 어느 정도인지 문제가 된다. 때와 상황이 주요 고려사항일 수밖에 없을 것이다. '시중(時中)', 즉 상황에 맞는 중도가 필요할 텐데 시중을 알아차리는 훈련이 마음챙김 명상이라고 할 수 있다.

세상사의 시비는 대개 지나침과 미치지 못함 사이의 갈등이라고 볼 수 있다. 이것은 좋고 저것은 나쁘다거나, 누가 잘했고 누가 못했는지 등을 놓고 판단하는데, 어떤 기준에서 보느냐에 따라 달라질 수밖에 없다.

기준을 누가 정하느냐를 놓고 또 갈등이 일어난다. '끝없는 갈등'이라고도 할 수 있다. 마음챙김 명상은 영원한 갈등에 어떻게 대응할까? 베트남 전쟁을 경험한 명상가 틱낫한의 언급을 참고할 만하다.

"우리가 사는 이 세상은 정의로운 행동에 기꺼이 뛰어들려는 사람들이 부족한 게 아니다. 우리에게 부족한 것은 어느 한쪽을 편들지 않으면서 전체 현실을 껴안을 수 있고 사랑할 줄 아는 그런 사람들이다."(틱낫한, 『너는 이미 기적이다』)

틱낫한이 말한 그런 사람이 있을 수 있을까? 아마 쉽지는 않겠지만 마음먹기에 따라 못할 것도 없다. 누구나 그런 사람이 될 수 있다고 보는 것이 마음챙김 명상의 관점이다.

어느 한쪽을 편들지 않으면서 전체 현실을 껴안을 수 있고 사랑할 줄 아는 사람, 틱낫한이 말하는 그 사람은 공자가 말하는 중도를 실천하는 군자를 닮은 것 같다. 군자와 소인의 경계도 그리 먼 것만은 아니다. 마음 씀씀이에 따라 때로 군자도 되고 때로 소인도 된다.

마음챙김에서는 바로 지금 이 순간이 중요하다. 지금 여기에서 나는 군자인가, 소인인가. 어제의 군자가 오늘도 무조건 군자인 것은 아니다. 군자도 실수를 한다. 어제 소인이었다고 해서 오늘도 소인인 것은 아니다.

변화는 바로 지금 이 순간에 즉각 일어날 수 있다. 내가 바뀌어야 사회가 변한다. 내 마음속 전쟁이 사라져야 사회의 전쟁도 사라질 수 있다. 틱낫한이 말했듯이, 정의로운 행동에 기꺼이 뛰어들려는 사람들이 우리 사회에 부족한 것이 아님을 되새겨보자. 우리에게 필요한 것은 무엇인가. 가만히 내 마음을 돌이켜보는 일부터 해보는 것도 한 방법이다. 내 마음이 지금 어디에 가 있는가.

변화하기 위해서는 먼저 멈춰야 한다. 멈춤은 변화의 시작이다. 멈춰서 호흡을 한번 크게 해보자. 각자 마음속에 간직한 악기가 고운 소리를 낼 수 있게 조율해보자. 우리 사회 곳곳에 감동이 넘쳐 마음의 거문고가 아름다운 소리를 내는 일이 늘었으면 좋겠다.

전화벨이 울릴 때
동작을 멈추고 심호흡

단 1분만이라도 하던 일을 멈추고 주의를 자기 호흡에 모아보는 것으로도 마음챙김 명상을 시작할 수 있다. 크게 한 번 숨을 들이 마시고 내쉬는 그 순간만큼은 고요하고 평화롭다. 과거를 후회하 거나 미래를 걱정하며 이리저리 방황하던 마음이 그 순간 내 호 흡에 모인다.

이런 호흡이 그리 어려운 것은 아니다. 누구나 쉽게 할 수 있 다. 다만 그러한 마음챙김을 지속적으로 하기란 쉽지만은 않다.

습관에 얽매여 살기 때문이다. 몸의 동작, 감정의 느낌, 생각의 패턴 모두 우리가 의식적으로 주의하지 않으면 습관대로 반응한다.

다시 새로 시작할 수 있다는 것보다 더 희망적인 소식은 없다. 전화는 일상생활의 필수품이다. 스마트폰이나 사무실의 전화벨이 울릴 때마다 동작을 잠시 멈추고 호흡을 가다듬어보자. 전화벨이 마음챙김 명상 벨이 될 수 있다. 틱낫한이 권하는 일상의 명상법이다.

거리를 걸을 때 만나는 신호등을 활용할 수도 있다. 신호등이 바뀌는 것을 일종의 명상 벨이 울리는 신호로 보고 호흡을 가다듬는 것이다. 전화벨, 신호등뿐만 아니라 생활 속에서 무엇이든 명상 벨로 활용할 수 있다.

첨단 기술이 아무리 많은 사회적 문제를 해결한다고 해도 전쟁, 기아, 가난 같은 문제는 계속 일어난다. 차원 높은 기술의 발전이 우리 마음에서 일어나는 문제를 다 해결해주지 못한다. 우리는 외부적인 기술 발전만 필요한 것이 아니라 내부적인 힘, 즉 마음과 정신의 힘을 길러야 한다. 결국 연민과 친절함을 우리 인간이 가지고 있음을 깨닫고, 그런 지혜와 사랑을 마음챙김으로 배우는 과정이 중요하다.

명상으로 찾아가는
마음의 평화

휴대전화를 끄세요,
'검색 중독' 벗은 IT 고수들

이제 인간은 '검색 기계'라 해도 이상해 보이지 않는다. 정보가 홍수처럼 넘쳐나고 손쉽게 정보를 접할 수 있는 시대가 되었는데, 그 많은 정보가 지금 내 행복을 보증해주는가?

"이제 휴대전화를 끄고 여러분 마음을 여세요(Please turn off your phone and turn on your heart)."

타즈 에살렌이라는 초등학교 2학년 소녀의 깜찍한 개막 선언으로 2019년 제10회 '위즈덤(Wisdom) 2.0' 행사의 막이 올랐다. 장소는 미국 샌프란시스코 힐튼호텔(유니언 스퀘어)이다. 세계 25개 국에서 온 2,500여 명이 호텔 그랜드볼룸을 가득 채웠다.

위즈덤 2.0이 일종의 '명상 콘퍼런스'인데 이렇게 많은 인원이 모여 명상을 주제로 이야기를 나눈다는 사실이 놀라웠다. 구글·페이스북·트위터 등 성공한 IT기업 출신 참석자가 많다는 점 또한 의외였다. 그야말로 실리콘밸리에 불고 있는 '명상 열풍'의 한 단면을 확인하는 자리였다.

2010년 '위즈덤 2.0'이 시작될 때는 400명 정도가 참석했다. 이런 모임이 참석자 수만 해도 6배 이상 늘며 10년째 성공적으로 계속되는 배경과 비결은 무엇일까.

'위즈덤 2.0'이 등장한 배경은 '기술과 지혜의 만남'이라고 할 수 있다. 2013년 기준으로 전 세계 휴대전화 이용자가 50억 명에 육박했다. 그 기능도 날로 발전해 이미 컴퓨터를 능가하는 수준이 되었다. 고기능의 컴퓨터를 개개인이 손에 들고 다니는 셈이다. 그런데 IT 기술의 발전이 가져온 삶의 변화는 양면적이다. 생활은 과거와 비교할 수 없을 만큼 편리해졌지만, 그와 함께 풀어내야 할 새로운 문제가 부각되었다.

가족이 저녁에 함께 모여 텔레비전을 보는 풍경은 옛날이야기의 한 장면이 되었다. 너도나도 자기만의 컴퓨터에 눈과 귀를 집중한다. 아침에 눈을 뜨자마자 휴대전화부터 찾고, 밤에 이불 속에서 잠이 드는 순간까지 검색을 멈추지 않는다. 검색을 멈추지 않는 것이 아니라 멈추지 못한다고 하는 것이 정확한 표현일지 모른다.

이제 인간은 '검색 기계'라 해도 이상해 보이지 않는다. 정보가 홍수처럼 넘쳐나고 손쉽게 정보를 접할 수 있는 시대가 되었는데, 그 많은 정보가 지금 내 행복을 보증해주는가? 아마 '그렇다'고 자신 있게 말할 수 있는 사람은 많지 않을 것이다.

'위즈덤 2.0' 설립자이자 진행자인 소렌 고드헤머도 '검색 중독'에 빠진 적이 있다. '위즈덤 2.0'은 그가 지은 책의 제목이기도 한데, 그 역시 시간 가는 줄 모르고 밤늦게까지 온라인 서핑에 푹 빠져 있거나, 무슨 종교의식처럼 몇 분마다 이메일을 확인해야 비로소 안심되곤 했다고 책에서 고백했다. 그는 IT 기기에 하루 12시간 이상 매달리는 생활을 계속하다 어느 날 문득 자기 생활을 돌아보게 되었다.

"내가 종처럼 부리면서 오락거리로 삼았던 도구들이 어느새 주인이 되어 나를 위압하고 있다. 잠도 제대로 자지 못하고 인간관계도 엉망이 되었다. 이런 생활을 계속하다 건강과 행복까지 잃겠다는 생각이 들었다."

이런 깨달음이 새로운 삶의 출발점이 되었다.

깨달음이 새로운
삶의 출발점

소렌은 다니던 IT회사를 그만두고 여행을 떠났다. 한 달에 500달러만으로 생활하던 어느 날 『지금 이 순간을 살아라』의 저자 에크하르트 톨레가 한 말이 그의 가슴을 파고들었다. "당신이 원하는 것 말고 세상이 당신에게 원하는 일을 해보라"는 권고였다. 세상이 나에게 원하는 일이 무엇일까? 소렌에게 던져진 일종의 화두였다.

그에 대한 답으로 펴낸 책이 『위즈덤 2.0』이었고, 그 의미를 '커뮤니티 간 대화'로 확장한 것이 '위즈덤 2.0'이라는 콘퍼런스였다. 요지는 IT 기술과 지혜, 이 둘 사이의 적절한 균형을 찾자는 것이었다.

'위즈덤 2.0' 콘퍼런스에서 가장 많이 들을 수 있는 말은 '마인드풀니스(마음챙김)'라는 단어다. 이는 참석자 모두를 이어주는 끈이다. 명상을 뜻하는 영어는 보통 '메디테이션(meditation)'으로 알려져 있다. 메디테이션에는 불교와 기독교 등 기성 종교에서 수행하는 다양한 명상이 다 포함된다. 마인드풀니스는 기존의 종교적 명상과 구분하기 위해 만든 신조어라고 할 수 있다.

소렌에 따르면 '위즈덤 2.0' 참석자는 구글·페이스북·링크드

인 등 IT기업 출신들, 다양한 분야의 교육과 코칭 관계자들, 건강·웰니스 분야 종사자들, 변호사 출신 등이 많은 부분을 차지한다. 마음챙김에 관심이 있는 의사와 간호사들도 참여해 더 나은 의료인이 되려고 노력한다.

'IT 비즈니스와 마인드풀니스의 만남'이라는 취지에 맞게 곳곳에서 구글 직원들을 만날 수 있다. 2회 때부터 계속 참석한 구글 부사장 카렌 메이는 "생활 속에서 감사하는 습관을 키우기 위해 노력하는 것이 제가 콘퍼런스에서 배운 작은 실천이다"라고 말했다. 30년 동안 명상을 해왔다는 구글의 또 다른 부사장 브래들리 호로위츠는 "참석 멤버나 대화 주제에 제한이 없는 점이 '위즈덤 2.0'의 매력이다"라고 말했다.

이번에 '위즈덤 2.0'에 처음 참가한 버클리대학교 유학생 김수환(경제학과 4학년) 씨의 감회가 남다르다.

"마음챙김 명상이 현재 기술 분야에서 직원들의 효율성과 생산성을 극대화하며 종교적 측면을 넘어 사회 전반적인 트렌드로 자리잡고 있다는 사실을 알게 되었습니다. 특히 행복에 대해 다시 한 번 생각해볼 수 있어 좋았고, 한국에서도 명상을 통한 자기 성찰과 감정 관리를 배울 기회가 많아졌으면 합니다."

성공을 위해
명상을 활용할 수 있을까

구글 엔지니어 시절 그는 명함에 '정말 유쾌한 친구(Jolly Good Fellow)'라는 말을 새기고 다녔다. 그는 처음부터 끝까지 웃음 띤 얼굴로 대화를 나눴다.

샌프란시스코에 있는 구글은 세계 최고 수준의 IT기업으로만 유명한 것이 아니다. 현대적 '기업 명상' 분야에서도 앞서나가고 있다. 2007년에 사내 명상 교육을 시작했는데, 인기 많은 프로그램으로 손꼽힌다.

이 첨단 IT기업에 인류의 오래된 '명상 문화'를 접목한 인물은 구글 엔지니어 출신의 차드 맹 탄이다. 대개 IT기업과 명상을 이야기하면 애플의 스티브 잡스를 떠올린다. 잡스가 미국 IT 분야의 1세대 명상가라면, 흔히 '멩'이라는 애칭으로 통하는 차드 멩 탄은 2세대 명상가라고 할 수 있다.

멩이 구글에 도입한 명상 프로그램 이름은 '내면 검색(Search Inside Yourself)'이다. 웹 검색 기업에 맞게 '검색'이란 용어를 활용해 작명한 것인데, 검색이라는 이름은 같아도 그 방향은 다르다. 웹 검색이 내 밖에 있는 정보를 찾아 헤매는 활동이라면, 내면 검색은 내 안의 보석을 찾기 위한 침묵 또는 침잠이라고 할 수 있다. 밖에서 안으로 주의를 돌리는 것이다.

"만일 사람들이 자기 일과 삶에서 성공 도구로 명상을 이용하면 어떻게 될까?"

구글 초기부터 검색엔진 개발에 참여했던 차드 멩 탄이 전혀 새로운 '내면 검색' 교육을 시작할 때 품은 문제의식이었다. 멩은 명상이 인간의 삶과 비즈니스 모두에 유익하길 바랐다. 그렇게 되면 우리 사회와 세계 모든 사람에게 행복과 평화를 가져올 수 있으리라는 기대도 했다. 명상을 통해 비즈니스도 잘하고 행복과 평화도 달성할 수 있다는 얘기다.

샌프란시스코 '위즈덤 2.0' 행사장에서 만난 차드 멩 탄의 인상은 그가 붙인 자기 별명처럼 유쾌해 보였다. 구글 엔지니어 시절 그는 명함에 '정말 유쾌한 친구(Jolly Good Fellow)'라는 말을 새기고 다녔다.

그는 처음부터 끝까지 웃음 띤 얼굴로 대화를 나눴다. '위즈덤 2.0'이 처음 열린 10년 전부터 그는 이 행사에 깊이 관여해왔다. IT와 명상의 만남을 추구한 '위즈덤 2.0' 창립 취지에 그처럼 잘 어울리는 모델을 찾기도 쉽지 않았을 것 같다.

"'위즈덤 2.0'을 만든 소렌과 나는 동기를 공유하고 있었습니다. 세상의 각종 스트레스에서 오는 괴로움을 없애는 일이죠. 나는 어떻게 하면 좋은 사람이 되면서 성공할 수 있는지에 대한 해답을 제시하고 싶었습니다. 내 해답은 친절(kindness)과 연민(compassion)이 사람을 성공에 이르게 한다는 것입니다. 내가 '내면 검색' 프로그램을 구글에서 운영할 때 소렌은 같은 동기로 '위즈덤 2.0'을 준비했습니다. 이 콘퍼런스의 가장 중요한 주제는 '커뮤니티(community: 공동체)'죠. 지혜와 공감을 나누는 커뮤니티를 형성하는 것이 '위즈덤 2.0' 콘퍼런스의 목적이었습니다."

명상의 특징은
집중력 향상

멩은 마음챙김 명상의 특징을 집중력 향상이라고 했다. "마음챙김 명상은 어떤 일이 일어나는 모든 순간에 대해 즉각 판단하지 않고 좀더 지켜볼 수 있는 집중력을 기르는 훈련이라고 할 수 있습니다."

아침에 눈을 떠서 밤에 잠자리에 들 내까지 휴대전화에서 손을 떼지 못하는 현대인의 일상을 돌아볼 때, 현대인에게 시급하게 필요한 것은 멩이 지적한 대로 집중력일지도 모른다. 멩은 집중력이 향상되어야 최종 목표인 통찰의 경지에도 도달할 수 있다고 말한다.

멩이 제시한 명상은 그리 어렵지 않다. 어려우면 오히려 역효과가 날 수 있다. "하루에 한 번씩 호흡하라!" 이것이 그가 제시한 명상의 전부라고 할 수 있다. 명상을 시작하는 단계에서 목표를 너무 높게 설정하면 제대로 목표를 달성하지 못하고 제풀에 꺾이기 마련이다. 하루에 한 번 호흡하는 것을 규칙으로 정해놓으면 이 약속은 지키기 쉽다. 한 번 호흡을 할 줄 알면 두 번, 세 번도 할 수 있다는 얘기다.

호흡을 할 때도 너무 주의를 집중하다 보면 제대로 숨을 쉬기 어려울 수 있다. 너무 잘하려고 애쓴 탓이다. 멩도 그런 경험을 했는데, 그 뒤부터는 지나치게 잘하려고 애쓰지 않는다. 그저 앉아 있는 동안 웃으며 자기 몸의 움직임에 주목하는 식이다. 그렇게만 해도 마음이 느긋해짐을 느낄 수 있다.

엔지니어답게 그는 명상에서도 과학적 표현을 좋아하는 듯하다. 예컨대 전통적으로 명상에 대해 '감정에 대한 깊은 인식'이라고 말한다면, 멩은 이 말을 "감정의 과잉을 고해상도로 인식하는 것"이라고 표현하는 식이다. 또 "감정이 발생하고 사라지는 순간의 느낌과 그 사이의 모든 미묘한 변화를 인식할 수 있는 능력"이라고 표현하기도 한다.

현재 멩은 구글에서 은퇴한 뒤 마음챙김 명상을 세계적으로 확산시키는 일을 주로 하고 있다. 멩이 그만둔 뒤에도 구글 안에서 '내면 검색' 프로그램은 성공적으로 진행되고 있다.

"내가 은퇴하고 나서도 강의 수가 계속 늘었는데 그래도 들어가기가 힘들다는 소리를 듣고 있어요. '내면 검색' 강좌를 들으려면 대기번호까지 받아야 하고, 등록 시작 30초 만에 매진된다고 합니다. 강사들도 이제 외부가 아닌 내부에서 충원되기에 외부 강사 초청 예산이 줄었다는 소리도 들립니다. 이것도 성공의 또 다른 증거로 볼 수 있을 것 같습니다."

멩은 존 카밧진 박사가 개발한 MBSR 프로그램과 대니얼 골먼 박사의 감성지능 이론 등을 벤치마킹해 '내면 검색'을 만들었다. 그는 마음챙김 명상의 궁극적 목표가 세계 평화를 위한 환경을 조성하는 것이라고 한다. 그가 이런 말을 하면 대개 처음에는 농담처럼 받아들이지만 계속 그런 말을 하자 진지하게 들어주는 이들이 점점 많아지고 있다.

멩은 세계 평화를 실현하기 위해 모든 사람이 명상의 가치에 눈을 떴으면 좋겠다고 한다. 달라이 라마가 "만약 세계의 모든 여덟 살 아동이 명상을 배운다면, 한 세대 만에 세계의 폭력을 없앨 수 있을 것"이라고 한 것과 같은 맥락의 말로 들린다.

마지막 날숨에
동료의 행복을 담아라

차드 멩 탄에게 평상시 누구나 쉽게 해볼 수 있는 마음챙김 명상의 예를 들어달라고 요청했다. 그는 구글에 다닐 때 있었던 일화를 들려줬다. 멩의 상사였던 카렌 메이 부사장 이야기였다. 구글 직원들이 대부분 카렌을 좋아했는데 심지어 카렌에게 해고된 이들까지도 그랬다.

그 비밀은 카렌이 단체 미팅을 하건 개인 만남을 하건 그때마다 최선을 다하는 데 있었는데, 명상과 관련해 주목할 것은 호흡 훈련이 구체적으로 세 번 있었다는 사실이다.

첫 번째 호흡은 내 감각과 감정에 집중해 숨을 내쉬는 것이다. 주의 집중은 감정 조절을 향상하는 기초다.

두 번째 호흡은 편안함과 안정감을 유지하기 위한 숨이다.

세 번째 호흡은 앞선 두 번의 호흡이 나에게 즐거움과 행복함을 준다고 생각하면서 숨을 쉬는 것이다.

멩은 세 번째 호흡을 하면서 다른 사람의 행복도 기원해주는 것이 중요하다고 한다. 미팅을 하거나 누군가를 만날 때마다 '이 사람이 행복하기를⋯' 하고 기원해보라는 것이다.

이런 행복의 기원이 습관이 되면 어떻게 될까? 직장생활이 변화하는 것은 물론 인생 전체를 바꿔놓을 수 있다고 한다. 상대방은 행복을 기원하는 나의 순수한 선의를 무의식적으로 포착해 신뢰하게 되고, 이것이 곧 고도의 협력으로 이어질 수 있기 때문이다.

첨단 기술 발전,
'마음 문제' 다 해결하지 못해

잭 콘필드에게 마음챙김 명상을 '현대화된 불교'로 볼 수 있느냐고 물어봤다. 그의 대답은 "노"였다. "나는 그렇게 생각하지 않습니다. 마음챙김 명상은 불교가 시작될 때부터 존재했습니다."

"편안하고 안정된 자세로 앉으세요. 눈을 부드럽게 감고, 허리를 바로 세우고, 편안하게 숨을 들이마시고 내쉬며 호흡하세요."

중저음의 목소리가 나지막하게 울려 퍼졌다. 대형 홀을 가득 메운 2,800여 명은 그의 목소리를 따라 자세를 취하고 1~2분 정도 자기 숨이 들어오고 나가는 것을 느꼈다. 침묵이 흘렀다.

"호흡을 인위적으로 조절하려고 하지 마세요. 편안하고 자연스럽게 호흡이 스스로의 리듬대로 움직이도록 지켜보세요."

2019년 미국 샌프란시스코에서 열린 '위즈덤 2.0' 행사장에서 미국의 저명한 명상가 잭 콘필드를 처음 만났다. 그는 "첨단 기술을 만드는 실리콘밸리의 사람들이 이제 기계뿐만 아니라 인간의 마음도 중요하다는 것을 깨닫고 있다"라고 말했다.

실리콘밸리에서 유행하는 마음챙김 명상은 '통찰 명상(Insight Meditation)'으로 불리기도 한다. 임상심리학 박사인 콘필드는 1970년대부터 '통찰 명상'을 미국 사회에 전파해왔다. 동남아시아 불교의 위파사나 명상을 응용한 것이다. 1967년 다트머스대학교를 졸업한 후 태국·미얀마·인도에 가서 승려 생활을 체험하기도 했다.

미국으로 돌아온 그가 조셉 골드스타인 등 동료들과 함께 1975년 매사추세츠 바르에 설립한 '통찰명상협회(Insight Meditation Society)'가 미국 현대 명상의 산실이라고 할 수 있다.

그는 불교를 전파하려고 하지 않는다. 우리 마음의 집중과 이완을 이야기할 뿐이다. 그런 수행의 이름을 '마인드풀니스'라고 하며, 불교와 종교적인 색채는 오히려 배제한다고 한다.

"마음챙김 명상이 세계로 퍼져나간 것은 과학적인 연구의 공이 큽니다. 존 카밧진 박사와 리처드 데이브슨 박사 등이 마음챙김 명상의 과학적인 효과를 설명하기 위해 노력을 많이 했습니다. 불교의 어려운 용어들도 종교를 떠나 쉽게 이해할 수 있는 언어로 바꾸어놓았습니다. 마음챙김 명상을 하려고 불교인이 될 필요는 없다고 생각합니다."

콘필드는 현재 마음챙김 명상이 미국의 수많은 기업과 학교에서 실행될 뿐 아니라 확산 추세라고 들려주었다. 여기에는 뇌과학의 발전이 큰 역할을 했다. 뇌과학 분야에서 지난 15년 동안 마음챙김 명상 관련 논문이 6천 편 이상 발표되었다. 구글 같은 첨단 IT기업뿐만 아니라 전통적인 대기업들도 마음챙김 명상을 사내에 도입하고 있다.

마음챙김 명상은 영국에서도 활발히 전파되고 있다. 콘필드는 지난해 여름 학생들을 지도하러 영국에 갔을 때 경험했던 일을 들려줬다. "의회 안에서 '마음챙김의 나라 영국(Mindful Nation UK)'이라는 프로그램을 운영했습니다. 영국 의원 185명이 마음챙김 훈련과 사회적 감성 훈련에 참여하고 있었습니다."

마음챙김 명상은
매우 매력적

그는 마음챙김 명상이 확산되는 이유를 사람들이 괴로운 일을 겪기 때문이라고 했다. 많은 이들이 괴로움을 유발하는 스트레스를 낮추는 방법을 찾고 있다는 것이다.

"첨단 기술이 아무리 많은 사회적 문제를 해결한다고 해도 전쟁, 기아, 가난 같은 문제는 계속 발생합니다. 차원이 높은 기술 발전이 우리 마음에서 일어나는 문제를 다 해결해주지는 못합니다. 우리는 외부적인 기술 발전만 필요한 것이 아니라 내부적인 힘, 즉 마음과 정신의 힘을 길러야 합니다."

그에게 마음챙김 명상을 '현대화된 불교'로 볼 수 있느냐고 물어봤다. 그의 대답은 "노우(no)"였다. "나는 그렇게 생각하지 않습니다. 마음챙김 명상은 불교가 시작될 때부터 존재했습니다."

불교가 교단과 종교의 형태로 발전하기 이전에 이미 마음챙김 명상은 존재했다는 얘기다. 부처가 사람들에게 불교를 종교로 가르친 것은 아니라는 말도 했다. "결국 중요한 것은 연민과 친절함을 우리 인간이 가지고 있음을 깨닫는 일이고, 그런 지혜와 사랑을 마음챙김을 통해 배우는 과정이 중요하다"고 덧붙였다.

그에게 불교의 중심 가치가 현대 서양에서 꽃피우고 있다고 봐도 되는지 다시 물어봤다. 그의 대답은 "예스(yes)"였다. 그러나 마음챙김 명상을 위해 불교인이 될 필요는 없다고 그는 거듭 강조했다.

그에 따르면 불교의 형태는 시대와 지역에 따라 다양한 모습으로 변화했다. 미얀마·태국·스리랑카의 불교가 있는가 하면, 동북아시아로 전파되면서 도교와 결합한 불교도 있고, 일본에서처럼 '신도(神道)'와 결합한 불교도 있다.

그는 종교가 한 문화에서 다른 문화로 넘어갈 때 많이 변하고 바뀌지만 그 중심점은 변함이 없다고 설명했다. 불교의 형태는 다양해도 그것들을 관통하는 중심이 있는데 그것을 추출해낸 것이 바로 마음챙김 명상이라는 얘기다.

마음챙김 명상이 불교와의 연관성까지 부인할 수는 없어 보인다. 그렇다면 기독교 문명이 우세했던 서양에서 마음챙김 명상이 크게 확산되는 이유는 무엇일까? 기독교 사회의 반발은 없었는지 그에게 물었다. 그는 요가를 비유로 들어 대답했다.

"한국 사회에서 요가를 어느 정도 많이 하나요? 한국의 기독교인이나 불교인이 요가 하는 사람을 보고 화를 내나요? 아마 극단주의자들만 화를 내고 불편함을 표시할 것입니다. 대다수는 요가가 몸에 좋기 때문에 하지요. 요가를 한다고 해서 힌두교로 개종해야 하는 것은 아닙니다. 같은 이유로 미국에서 마음과 생각을 훈련하는 것도 사람들의 스트레스 해소와 웰빙에 도움이 되기 때문입니다. 게다가 뇌과학의 발전이 명상의 효과를 증명하고 있어요."

그가 지도하는 마음챙김 모임에는 기독교 신자들과 유대교 신자들도 참여한다고 한다.

"기독교인이 마음챙김 명상을 하면 더 좋은 기독교 신자가 될 수 있다고 생각합니다. 기독교인이 마음챙김 명상을 배우면 그들만의 방식과 언어로 이해하고 가르칩니다. 나는 이런 것들이 무척 매력적이라고 생각합니다."

명상은 자신과
싸우는 것이 아니다

잭 콘필드의 명상 책은 국내에도 여러 권 번역되어 나와 있다. 그 중『처음 만나는 명상 레슨』을 보면 그는 특정 명상법을 고집하지 않는다. 우리 몸과 감각, 생각과 감정을 알아차리고 집중하게 하는 것이라면 모두 좋다고 한다. 어느 명상법을 선택하는 게 중요한 것이 아니라 자신에게 맞는 명상법을 선택해서 꾸준히 해보는 일이 중요하다고 했다.

일단 명상을 직접 해보는 것이 중요한데 그 시작은 호흡이다.

호흡 명상을 시작하기에 앞서 자세를 바로잡아야 한다. 자기 몸 상태를 알아차릴 수 있는 안정되고 편안한 자세를 취해야 한다. 방석 위에서 가부좌를 틀어도 되고 의자에 앉아도 된다. 어떤 자세든 안정되면서 편안해야 한다. 그래야 압박감 없이 몇 분간 고요하게 앉아 있을 수 있다. 등을 똑바로 세우되 너무 경직되지 않으면서도 위엄 있는 자세가 좋다.

자세를 편안히 한 다음에는 어깨에서 힘을 빼고 손을 편안하게 무릎에 얹어놓는다. 콘필드는 명상은 자신과 싸우는 것이 아니라고 했다. 만약 명상을 하다가 다리에 쥐가 난다든지 몸이 불편해지면, 불편함을 자각하면서 자세를 바꾸면 된다. 편안한 자세를 취했으면 눈을 부드럽게 감는다. 눈을 살짝 뜨고 시선은 2~3미터 앞 아래쪽을 바라봐도 된다.

자, 이제 이런 편안한 자세로 '지금 이 순간'을 알아차려보자. 코로 숨을 들이마시고 내쉬면서 몸의 긴장을 풀고 이완한다. 초보자는 1~2분 정도 해볼 것을 권한다. 머리부터 어깨-가슴-배-다리-발까지 자기 몸 각 부위의 감각을 느껴본다.

그런데 잠깐 사이에도 온갖 생각이 오고 간다. 집중이 잘 안 되는데, 이는 이상한 일이 아니라 자연스러운 현상이다. 마음이 끊임없이 움직이기에 벌어지는 현상이다. 콘필드가 제시하는 명상의 첫 가르침은 이때 시작된다. 내가 지금 호흡한다는 사실을 잊지 않는 것이 중요하다.

명상 중 떠오르는 각종 생각이나 계획이나 기억 속으로 빠져드는 것이 아니라 즉각 그것을 알아차리고 놓아버리면서 호흡으로 돌아와야 한다. 명상의 기술은 바로 마음의 방황을 알아차리고 다시 호흡으로 돌아오는 훈련을 하는 것이다.

콘필드는 명상을 피아노 배우기에 비유한다.

"처음에는 손가락 운동을 하지만 나중에는 이 훈련에서 비롯한 음악을 듣게 됩니다. 우리 마음은 이미 1억 번쯤 헤맸습니다. 이렇게 헤매는 습관이 하룻밤 사이에 바뀌기는 어렵습니다. 명상의 효과를 느끼려면 인내심을 가지고 편안한 마음으로 계속해야 합니다."

유배 생활 40년,
마음챙김 통해 도달한 '마음의 고향'

> 누구든 한 번은 깨어 있는 숨쉬기 수행에 성공할 수 있다. 다른 데 마음을 빼앗기지 않고 열 번만 숨을 들이쉬고 내쉴 수 있으면 상당한 진전을 본 것이다.

현대 명상에 많은 영향을 준 인물로 틱낫한 스님을 빼놓을 수 없다. 베트남 출신인 그는 1962년 미국으로 건너가 명상 현대화의 불을 지폈다. '마음챙김(Mindfulness)'이라고 하는 새로운 이름의 명상이었다. 1970년대 이후 미국에서 마음챙김 명상을 이끌고 있는 존 카밧진, 잭 콘필드 등이 모두 그와 직간접적으로 연결되어 있다. 그가 1982년 프랑스 남부 보르도 지방에 창립한 수련센터 '플럼 빌리지(Plum Village: 자두마을)'는 유럽 현대 명상의 중심이라고 해도 지나친 말은 아니다.

2002년 그가 한국을 방문했을 때 그의 저서 『화』가 크게 화제가 된 바 있다. 나는 2003년 보르도 지방의 플럼 빌리지를 방문해 일주일간 머물며 그의 명상을 체험해보기도 했다. 명상센터 이름이 왜 자두마을일까? 최근 출간된 그의 책 『지금 이 순간이 나의 집입니다』에 이런 구절이 나온다. "베트남에는 노란 꽃이 피는 자두나무가 있다. 수명이 무척 길다. 때로는 기둥이 뒤틀리기도 한다. … 내가 그 나무 같다는 느낌이 든다."

명상센터 이름을 자두마을이라고 지은 것을 보면 그는 고향을 평생 그리워한 것 같다. 하지만 그는 돌아갈 수 없었다. 고향 베트남에 대한 그의 젊은 시절 기억은 전쟁으로 뒤덮여 있다. 공산주의자와 미군이 벌인 전쟁이다.

그는 '사회봉사청년학교'를 세워 파괴된 마을을 복구하고 난민 구조를 주로 하면서 전쟁에서 어느 쪽도 편들지 않았다. 1975년 베트남 전쟁이 끝난 후 베트남을 통치하게 된 공산정권은 비폭력 반전평화운동을 펼쳐온 그의 귀국을 허가하지 않았다.

1926년 프랑스 식민통치 시절의 베트남에서 태어나 열여섯 살 때 승려가 된 그는 유려한 문체를 구사하는 작가로도 유명하다. 법정 스님의 글을 연상시키는 그의 책에는 '진정한 고향'을 찾는 이야기가 많이 나온다. 그에게 진정한 고향은 베트남이 아니다.

마음챙김 명상을 통해 도달하는 평화의 세계다.

그것은 고정된 공간이나 시간이 아니다. 내가 현존하는 바로 '지금 여기'가 진정한 고향이다. 그것은 추상적인 공간이 아니라 사랑과 자비를 실천할 수 있는 구체적 현실이기도 하다. 2004년 에야 비로소 베트남 정부가 그를 초청하는데, 그의 표현을 빌리면 '유배 생활' 40여 년 만에 고국을 방문한 것이었다.

이제 구순을 훌쩍 넘긴 그는 공식 대외 활동을 접었다. 2014년 뇌일혈로 쓰러진 이후 건강이 악화되었기 때문이다. 그대신 제자들이 그가 남긴 발자취를 따라 세계를 순회하며 '틱낫한 명상'을 전한다.

2019년 5월 16~19일 미국과 태국에서 활동하는 그의 제자 7명이 '플럼 빌리지 법사단'이라는 이름을 내걸고 한국을 방문해 경북 김천 직지사에서 수련 모임을 열었다. 프랑스와 태국에 설립된 플럼 빌리지에서 실시하는 '노래 명상' '걷기 명상' 등이 똑같은 방식으로 재현되었다. 내가 2003년 보르도 플럼 빌리지에서 느꼈던 것처럼 직지사에서도 종소리와 노래 명상, 걷기 명상이 인상적이었다.

Happiness is here and now.

I have dropped my worries.

Nowhere to go, nothing to do.

No longer in a hurry.

행복은 지금 여기
근심 걱정 떨쳐요.
아무 할 일, 갈 곳 없어
서두를 필요 없지.

행복은
지금 여기에

플럼 빌리지의 상징 노래라고 할 수 있는 〈행복은 지금 여기에〉
가 기타 반주에 맞춰 직지사 경내에 잔잔하게 울려 퍼졌다. 참가
자들은 조용히 노래를 따라 했다. 자칫 단조로울 수 있는 명상 수
련에 노래는 활기를 불어넣는다. 쉽게 이해되는 구어체 가사는
마음챙김 명상의 핵심을 요약해 전달한다. '브리딩 인, 브리딩 아
웃(Breathing in, breathing out: 숨 들이 쉬고, 숨 내쉬고)'으로 시작하는
또 다른 대표곡도 불렀다.

명상은 한 번의 숨쉬기로 시작된다. 편안한 자세로 앉아 숨을

한 번 들이마시고 내쉬는 일이다. 틱낫한 스님은 이렇게 말했다.

"누구든 한 번은 깨어 있는 숨쉬기 수행에 성공할 수 있다. 다른 데 마음을 빼앗기지 않고 열 번만 숨을 들이쉬고 내쉴 수 있으면 상당한 진전을 본 것이다. 그렇게 10분만 숨을 쉬면 내 안에서 커다란 변화가 일어날 것이다." (틱낫한,『너는 이미 기적이다』)

이때 종소리가 중요한 역할을 한다. 흐트러진 마음을 '지금 여기'로 돌아오게 한다. 일정한 간격으로 종소리가 울리면 무슨 일을 하든 간에 그 동작 그대로 멈춘다. 음식을 먹고 있었다면 입에 음식을 넣은 채로 멈추고, 걸어가고 있었다면 한 걸음 내디딘 채 멈춘다. 이렇게 잠시 멈추는 일이 명상의 시작이다.

여러 명이 어울려 대화를 나누는 시간도 있었다. 직지사 행사의 대화 주제는 '화'였다. 우리 행복을 가로막는 화를 어떻게 다스릴 것인가. 대화는 지식을 자랑하는 경연장이 아니다. 참가자들이 자기 경험을 진솔하게 털어놓고, 서로 연민과 사랑의 마음으로 경청하는 연습을 하는 시간이다. 행복이 경청과 연습을 거쳐 습득될 수 있다고 보는 것이다. 참가자들의 마음은 상대방 이야기에 귀를 기울이면서 조금씩 열리는 듯했다.

법사단 가운데 팝웰 스님도 자신이 어린 시절 폭력배에게 당했던 끔찍한 일을 털어놨다. 30년이 지난 지금도 악몽으로 떠오를 때가 있다며 이런 비유를 들었다.

"30년 전의 어린아이가 '내 아픔 좀 알아달라'고 계속 보채는 것과 같습니다. 누구에게나 마음속에 과거의 아픈 기억을 알아달라고 보채는 어린아이가 한 명씩 들어 있습니다. 그럴 때면 조용히 쓰다듬어주며 괜찮다고 위로해주세요."

아픈 기억이나 스트레스로 화가 날 때마다 그런 생각이 일어나는 자기 생각을 알아차리면서 어린애를 보듬듯이 어루만져주라는 얘기다. 틱낫한도 이렇게 말한 바 있다.

"고통과 싸우지 마세요. 짜증이나 질투심과도 싸우지 마세요. 갓난아기를 안아주듯이 그것들을 아주 부드럽게 안아주세요. 당신의 화는 당신 자신입니다. 당신 안의 다른 감정도 마찬가지입니다."(틱낫한, 『너는 이미 기적이다』)

직지사 경내를 도는 '걷기 명상'은 한 걸음 한 걸음 내딛는 자기 발걸음에 주의를 모아보는 시간이었다. '플럼 빌리지 법사단'을 초청한 마가 스님(현성정사 주지, 직지사 연수원장)은 걷기 명상을 인도하면서 이렇게 말했다 "길가에 떨어진 솔가지 하나씩을 각자 주워보세요. 내 마음속 고통 한 가지를 이 솔가지에 담아버리세요." 고통을 버려야 행복이 찾아온다. 나는 무엇을 버려야 행복해질까.

휴식의 기술
'쉬기 명상'

틱낫한의 명상 책은 국내에 많이 번역되어 있다. 그중 어느 책을 골라 읽어도 그만의 독특한 문체를 발견할 수 있다. 가지고 다니기 편하게 손바닥 크기로 출간된 책들도 볼만 한데 『쉬기 명상』 『사랑 명상』 『앉기 명상』 『걷기 명상』 『먹기 명상』 등 제목만 봐도 그의 명상이 지향하는 바를 짐작하게 한다.

　책 제목이 보여주듯 이 세상에 명상의 소재가 아닌 것이 없다. 직장에 있든 집 안의 부엌이나 욕실 어디에 있든 상관없다. 또 음식을 먹거나 다른 곳으로 이동하는 중에도 마음챙김 연습이 가능하다. 그가 말하는 명상은 아주 일상적이다. 전통 불교식 만트라(진언)조차 현대 일상 화법으로 바꿔놓았다.

그는 마음챙김 명상을 위해 많은 시간을 따로 낼 것도 없이 그저 1~2분만 연습해도 좋다고 한다. 언제 어디서나 편안한 자세로 몸과 마음의 긴장을 풀어주면 된다. 하루 중 잠시라도 시간을 내어 마음챙김 호흡을 하고 긴장을 몸과 마음 밖으로 내보낼 것을 권한다. 일에 중독된 현대인은 진정한 휴식을 모른다. 명상을 위해 홀로 있는 것이 문명과 격리되는 것을 의미하지는 않는다.

마음챙김 명상을 하기 위해 가장 먼저 해야 할 일은 지금 하는 것을 그것이 무엇이든 다 멈춰보는 것이다. 바쁘게 이리저리 뛰어다니며 방황하는 마음을 쉬게 하는 것이다.

"진정한 '홀로 있음'은 대중의 의견에 휩쓸리지 않고, 과거에 대한 슬픔, 미래에 대한 걱정, 현재의 강렬한 감정에 휘둘리지 않는 것입니다."(틱낫한,『쉬기 명상』)

MBSR 체험(상),
건포도 한 알에서 세상으로 확장

마치 태어나서 처음 보는 듯이 이 물건을 바라보세요. 이 물건의
이름도 기억도 내려놓고 그저 있는 그대로 온전하게 바라봅니다.
어떤 모양인가요? 어떤 색깔인가요?

미국 매사추세츠대학교 의학부 명예교수 존 카밧진 박사는
1979년 의료 명상으로 'MBSR'를 만들어 8주간의 훈련 프로그램
으로 표준화했다. 많은 종류의 명상이 동양에서 출발했는데 전통
적으로 동양은 이 같은 표준화가 부족했다. 명상을 어떤 방식으
로, 얼마나 긴 시간을 투여해서 어느 정도 해야 하는지가 막연했
다. 이런 문제를 카밧진이 수량화해서 새롭게 만들어냈다고 볼 수
있다.

'MBSR'는 'Mindfulness-Based Stress Reduction(마음챙김에 근거한 스트레스 완화)'의 약자다. 명칭에 스트레스가 들어 있는 데서 알 수 있듯이, 본래 만성통증 환자들의 스트레스를 덜어주려는 목적으로 만든 것이다.

그 무렵 때마침 발달하기 시작한 뇌과학의 성과는 명상의 효과를 과학적으로 뒷받침하며 이 프로그램이 대중적으로 확산되는 밑거름이 되었다. MBSR 프로그램을 8주간 훈련하기 이전과 이후의 뇌가 어떻게 달라지는지 뇌 영상촬영으로 그 변화를 확인할 수 있다.

2019년 7월 6일 오전 10시, 서울 방배동 한국MBSR연구소에서는 미국 MBSR 본부에서 국내 최초이자 유일하게 MBSR 지도자 인증을 받은 안희영 소장이 여름 특강을 진행했다. 본래 8주 프로그램인데 7월 한 달 동안 4주 만에 8주 수업을 모두 마치고, 두 번째 달에는 격주로 나와서 후속 수련과 점검을 받는 형태의 방학용 특별과정이었다.

8주간이라면 한 회에 3시간을 하는데, 이번 특강에서는 하루에 6시간을 배정해 두 회 분량을 소화했다. 이날 참석자들은 대개 국내의 여러 방면에서 이미 상담이나 명상을 지도하는 이들이어서 그런지 6시간의 다소 빡빡한 일정이었는데도 큰 무리 없이 진행되었다.

"마음챙김은 지금 내 삶에 주의를 기울이는 것입니다. 현재 내 몸과 마음에 독특한 방식으로 주의를 기울이며 내 삶에 무슨 일이 일어나는지 정확하게 알려고 노력하는 것이죠. 판단하지 않고 지금 이 순간에 의도적이고 독특한 방식으로 주의를 기울이는 것이 마음챙김입니다."

안 소장은 카밧진의 말을 인용하면서 마음챙김 방법을 소개했다. 마음챙김의 의도적이면서 독특한 명상법은 무엇일까? 첫째 주 프로그램에서 주목되는 것은 '건포도 마음챙김'과 '보디 스캔'이었다. 이 말을 들어본 이들도 있겠지만 중요한 것은 지식으로 아는 것이 아니라 직접 해보는 것이다. 건포도와 보디 스캔을 마음챙김의 대상으로 만들어낸 1979년 무렵에는 무척 획기적으로 받아들여졌을 거라는 생각이 들었다.

안 소장은 건포도 두 알씩을 참석자들에게 나누어주었다. "마치 태어나서 처음 보는 듯이 이 물건을 바라보세요. 이 물건의 이름도 기억도 내려놓고 그저 있는 그대로 온전하게 바라봅니다. 어떤 모양인가요? 어떤 색깔인가요?"

안 소장은 건포도라는 이름 대신 '이 물건'이라고 했다. 눈으로 보는 것에서 그치지 않고 귀로 가져가 소리를 들어보고, 코로 냄새를 맡아보고, 손으로 촉감을 느껴보고, 입에 넣어 맛을 보는 순서로 이어졌다.

이 과정에서는 선입견 없이 그냥 바라보고 느껴보는 것이 중요했다. '이 물건'이라고 표현하는 것도 건포도에 대한 고정관념을 없애기 위해서다. '물건'의 자리에는 건포도뿐만 아니라 우리가 일상에서 만나는 모든 것이 올 수 있다. 중요한 것은 주의의 대상이 아니라 대상을 알아차리는 자각 그 자체다. 마음챙김은 주의력을 키우는 훈련인 셈이다. 마음챙김의 대상은 우리 삶 전체로 확장된다.

8주의 기적,
놀라운 변화

눈앞의 대상에 특정한 이름 붙이기를 꺼리는 노자와 장자의 철학이 떠올랐다. 인간과 세계에서 최고 경지를 표현하는 말이 '도(道)'인데, 그 도조차 이름을 붙이며 언어로 개념화하면 '진정한 도'가 아니라고 노자는 말하지 않았던가. 하물며 끊임없이 변하는 삼라만상의 진정한 실상을 선입견으로 뒤덮인 인간의 인식이 모두 포착해내기는 한계가 있다.

건포도 마음챙김을 한 후 곧바로 점심식사를 겸한 '음식 마음챙김'이 이어졌다. 음식을 먹되 허겁지겁 먹는 것이 아니었다. 건포도를 대상으로 했던 것과 똑같은 방식이 적용되었다. 적어도 세 숟가락 정도는 마음챙김을 하며 '음식 명상'을 하는 시간이었다.

MBSR의 주요 특징 중 하나가 누워서 자기 몸을 관찰하는 보디 스캔이다. 누워서도 명상을 할 수 있을까? 의문이 들 수 있지만 실제로 누워서 한다. 두 발을 어깨 넓이로 벌리고 두 손바닥은 천장을 향하게 해서 편안한 자세로 눕는다. 45분 동안 누운 채 발끝에서 머리끝까지 몸 곳곳을 스캔하듯이 죽 돌아가며 상태를 자각하는 방식이다.

안 소장이 지시하는 몸의 부위를 각자 따라가면서 의식적으로 스캔하는데, 45분 동안 가만히 누워 있는 것이 말처럼 쉬운 일은 아니다. 몸 곳곳에서 통증이 느껴지기도 하고 머릿속에서는 오만 가지 생각이 오고 간다. 보디 스캔을 하면서 따뜻하고 친절한 관심을 내 몸에 보내는 일이 마음챙김의 시작이라는 생각이 들었다. 내 몸 밖으로만 쏠린 시선을 내 몸 안으로 돌려놓는 일이다.

보디 스캔을 할 때 몸을 이완하려고 지나치게 노력할 필요는 없다. 긴장이 풀어지면 자연스럽게 이완이 되지만 마음챙김의 목표는 깨어 있는 알아차림이지 몸의 이완이 아니기 때문이다.

호흡은 앉아서 하는 '정좌 명상'의 대상이지만, 그뿐만이 아니라 모든 마음챙김 명상의 중심을 늘 관통하는 가장 중요한 행위다. 이날 한 번 건포도 명상, 보디 스캔, 정좌 명상을 했다고 해서 다 끝난 것이 아니다. 8주간 공식 프로그램이 진행되는 동안에는 매일 시간을 내서 실제 마음챙김 연습을 해야 한다. 보디 스캔의 경우 하루 30분 이상씩 최소한 2주는 연습하라고 권한다. 마음챙김이 새로운 일상 습관이 될 때까지 수련하는 것이다.

마음챙김이 쉬운 것만은 아니지만 그렇다고 아주 어려운 일만도 아니다. 카밧진은 이렇게 말했다. "지금 일어나는 현상을 알아차리는 것으로 충분하다. 지금 무슨 일이 일어나고 있는지 알아차리고 있다면 그것이 무슨 일이든 관계없이 당신은 마음챙김 명상을 '제대로' 하고 있는 것이다."(존 카밧진, 『처음 만나는 마음챙김 명상』)

마음챙김 훈련을 하며 문득 떠오른 것이 있다. 지금까지 살아오면서 얼마나 내 몸과 마음을 돌보지 못했던가. 내가 마음을 챙기지 못하면 주어진 조건과 상황에 끌려다니게 된다. 이렇게 8주가 지나면 내 몸과 마음에 어떤 변화가 일어날까.

마음챙김은 사회적 이슈에
무관심하지 않다

안희영 소장은 본래 영문과 교수였다. 10여 년 영어를 가르치다
가 1990년대 말 풀브라이트 교환교수로 미국 뉴욕대학에 갔을
때 MBSR을 만났다. 인생 터닝 포인트였다. 고교 시절부터 명상
에 관심을 가지고 수련도 해왔지만 MBSR은 그때까지 알고 있던
명상과 달랐다. 서구의 심리학·의학 분야의 과학적 연구가 뒷받
침되는 가운데 누구나 쉽게 접할 수 있게 8주 프로그램으로 체계
화되었기 때문이다.

카밧진 박사에게서 MBSR을 배우고 컬럼비아대학교에서 MBSR을 주제로 박사학위를 받았다. 영어학 박사에 이어 두 번째 박사학위였다. 박사학위를 받아야만 MBSR을 할 수 있는 것은 아니다. 역설적으로 그가 깨달은 것은 누구나 쉽게 명상을 할 수 있다는 것이었다. 중요한 것은 자각이다.

"가장 중요한 것은 자각이라는 마음챙김, 즉 깨어 있는 마음입니다. 깨어 있는 마음은 학생이나 기업인, 노동자, 주부, 환자, 전문가 등 가릴 것 없이 누구에게나 필요합니다. 소수의 수행자나 종교인의 전유물이 될 수는 없어요."

명상은 개인 문제에만 몰두하는 것일까? 그렇지 않다. 명상을 한다고 해서 사회적 이슈에 담을 쌓고 살며 무관심한 것은 아니다. 명상은 개인 문제에서 출발하지만 개인성을 사회성으로 확장해나간다. 안 소장도 그런 생각을 한다.

"명상의 진정한 가치는 개인의 변화를 시작으로 조직의 변화, 궁극적으로 사회와 세계의 변화에 있습니다. 회사나 조직 안에 마음챙김을 하는 사람들이 많아지면, 말하고 표현하고 생각하는 방식이 바뀌어갈 것입니다."

마음챙김을 하면 마음이 열리게 되고, 그러다 보면 자기 자신만이 아니라 남들도 생각하게 된다. 그런 사람이 모인 조직이 늘어나면 사회가 변하고 결국 나라가 변할 수 있다는 얘기다.

MBSR 체험(하),
'두 번째 독화살'은 피하자

> 마음챙김 요가는 안간힘을 써가며 특정 자세를 취하려고 하지 않
> 는다. 동작을 취하다 어떤 부위가 저리거나 불편할 수도 있다. 그
> 럴 때는 편한 자세로 바꿔도 된다.

MBSR과 관련해 카밧진 박사가 쓴 첫 책의 원래 제목은 '재앙으
로 가득 찬 인생'이다. 영문으로는 'Full Catastrophe Living'이
다. 니코스 카잔차키스의 장편소설 『그리스인 조르바』에 나오는
표현을 차용한 것이다. 한국어 번역서는 『마음챙김 명상과 자기
치유』로 되어 있다. 우리가 원하지 않아도 우리 삶에 재앙은 어
김없이 자기 모습을 드러내는 것처럼, '재앙으로 가득 찬 인생'은
카밧진의 MBSR에 대전제로 깔려 있다.

재앙은 고통의 다른 표현으로 보인다. 인생을 고해, 즉 고통의 바다에 비유하기도 하는데 그와 유사한 표현으로 볼 수 있다.

재앙과 고통의 원인은 여러 가지일 수 있다. 카밧진은 스트레스의 정신적 요인을 줄이는 데 초점을 맞췄다. 인간의 머리는 대개 '자기 생각'으로 가득 차 있다고 본다. 날씨조차 자기 마음대로 하려는 식이다. 자기 생각대로 되지 않으면 불만이 쌓이고 급기야 분노로 표출되곤 한다. 이를 8주간 의도적 훈련으로 줄여보자는 것이다. 어떤 종교적 권위에 의존하지 않는다는 점에서 기성 종교의 명상과 구별된다.

총 8주로 구성된 MBSR 프로그램에서 1~2주차 훈련은 입문편이다. 건포도 명상과 보디 스캔을 중심으로 진행된다. 3주차부터는 종합 훈련이라 할 수 있다. 호흡 명상, 정좌 명상, 걷기 명상, 보디 스캔, 요가 등을 자기 몸과 상황에 맞춰 골고루 훈련한다. 8주 동안 계속하면서 몸과 마음을 변화시키는 것이다. 나는 잠자기 전에 보디 스캔을, 오전에 눈을 떠서는 마음챙김 요가를 고정 훈련으로 배치했다. 낮에는 호흡과 걷기 명상을 수시로 짬을 내서 한다.

마음챙김 요가의 동작은 언뜻 여느 요가와 크게 달라 보이지 않는다. 그 차이는 마음챙김이 있느냐 없느냐에서 나온다. 먼저 편안한 자세로 누워보자. 발을 어깨 넓이로 벌리고 양손은 몸통

옆에 나란히 놓고 천장을 보는 게 기본자세다. 이 자세로 숨을 들이마시고 내쉬면서 몸의 감각을 느껴본다. 몸통과 팔, 다리의 위치를 바꿔가며 다양한 동작을 취해본다.

MBSR 요가에서 중요한 것은 다양한 동작 자체가 아니다. 각종 요가 자세의 완성도를 얼마나 높이느냐가 관건이 아니다. 온몸에 식은땀이 날 정도로 무리하게 동작을 취할 필요가 없다. 동작은 조금 어설퍼도 괜찮다. 동작의 변화를 느끼면서, 자세마다 내 몸을 지탱하기 위해 어떤 일이 내 몸에서 진행되는지를 알아차리는 훈련이 더 중요하다.

요가 동작보다
알아차림이 중요

마음챙김 요가는 안간힘을 써가며 특정 자세를 취하려고 하지 않는다. 동작을 취하다 어떤 부위가 저리거나 불편할 수도 있다. 그럴 때는 편한 자세로 바꿔도 된다. 다리를 펴기가 불편하면 오므리면 된다. 다만 이때 불편함이 느껴진다고 해서 즉각 반응하며 동작을 바꾸기보다는 그 불편함을 알아차리고 잠시 관찰해보자. 이런 의도적 노력이 모이면 마음챙김 습관이 된다.

마음챙김을 생활화하면 어떤 변화가 일어날까. 인간의 삶은 감각과 생각과 감정의 연속으로 이루어지는데, 그 감각과 생각과 감정의 변화를 관찰하는 힘이 생긴다. 눈으로 보고, 귀로 듣는 모든 감각적 현상에 기계적으로 반응하지 않고 먼저 있는 그대로 그 상황을 알아차려보는 것이다. 눈에 보이는 사물이나 귀에 들리는 모든 소리도 일단 다가오는 그대로 느껴본다. 각종 생각이나 감정이 떠오를 때도 마찬가지다.

MBSR에서는 인간의 마음에 두 차원이 있다고 본다. 하나는 생각의 차원이다. 생각은 각종 선입견으로 둘러싸여 있다. 마음챙김 훈련으로 드러나게 되는 또 하나의 차원은 자각(awareness)이다. 자각의 세계는 공간으로 표현되기도 한다. 자각의 공간은 그 크기를 알 수 없는 무한대다.

한 번 날갯짓에 구만리 창공을 날아오르는 장자의 대붕이 연상된다. 장자의 대붕은 우리 마음의 무한대 크기를 비유한 것은 아닐까? 이로써 인간이 작은 참새처럼 좁게 마음을 쓰는 모습을 대비한 것은 아닌가? 장자의 말을 따라가다 보면 돈이나 학식이나 권력이 대붕의 기준은 아닌 것 같다. 대붕은 마음 씀씀이에 달렸다. 장자는 '무기(無己)'라는 말로 자기중심적 사고에서 벗어나라고 요청한다.

자기 일상을 너무 비하할 필요는 없다. 주위를 돌아보면 내색을 안 해서 그렇지 모두 저마다 아픔을 간직한 채 하루하루를 살아간다. 스트레스를 주는 실수 한 번 저지르지 않고 살 수는 없다. 중요한 것은 실수를 반복하지 않는 일이다.

안희영 소장이 명상계에 전해오는 '두 번째 독화살' 이야기를 들려줬다. 독화살을 인생에서 겪는 각종 아픔이나 재앙이라고 치자. 첫 번째 독화살을 피해 가기는 어렵다. 첫 번째 독화살이 외부적 요인으로 온다면, 두 번째 독화살은 내부적 요인으로 온다. 후회와 분노와 증오 등이 자기가 자신에게 쏘는 두 번째 화살이다. 분노와 증오에 사로잡혀 있으면 세 번째, 네 번째 독화살을 계속 자신에게 겨누는 셈이다. 누구나 첫 번째 독화살은 맞을 수 있지만, 현명한 사람은 두 번째 독화살은 맞지 않는다. 이런 점에서 MBSR 명상은 매우 현실적인 처방이다.

마음챙김은 마음의 공간을 넓히는 일이다. 방학 특별캠프에서는 정좌 명상, 보디 스캔, 요가 등을 각각 45분 정도씩 훈련했지만 일상에서는 그렇게 많은 시간을 내기가 어려울 수 있다. 연습 시간을 따로 낸다는 생각에서 먼저 벗어나도 좋다. 언제 어디서든 호흡 한 번으로도 할 수 있다. 백 마디 말보다 하루 3분이라도 짬을 내서 마음챙김을 시도해보자.

마음챙김은
기적이 아닌 상식의 확인

한 달 동안 체험한 MBSR 프로그램은 명상에 대한 몇몇 오해를 없애주었다. 우선 명상은 가만히 앉아서만 하는 것이 아니었다. 걷기 명상에 대해서는 이 행사에 참여하기 전에 알고 있었지만 뜻밖에 '뛰기 명상'까지 진행했다. 춤을 출 수도 있었다. 크게 소리를 내질러보기도 한다.

침묵이 필요할 때가 있지만 때로는 그보다 오히려 활발하게 움직이며 내 몸과 마음의 변화를 관찰하는 것이 좋은 약이 될 수 있다. 우리가 살면서 겪는 온갖 경험에 마음챙김이 적용되는 것이다.

명상 훈련에 앞서 내가 스트레스에 얼마나 취약한지 점검해볼 필요가 있다. 병원에 가면 문진을 하는 것과 유사하다. 자기 자신에게 다음 질문들을 해보라.

나는 하루에 몇 끼나 따뜻하고 균형 잡힌 식사를 하고 있는가
적어도 일주일에 4일은 7~8시간 수면을 취하는가
주위 사람들과 적당히 관심과 애정을 주고받고 있는가
적어도 일주일에 두 번은 땀이 나도록 운동을 하는가
일주일에 술을 얼마나 마시는가
수입이 생활에 지장이 없는가
인맥을 어느 정도 유지하고 있는가
사적인 문제를 터놓고 의논하는 사람이 있는가

이 같은 질문은 나의 일상생활이 어떠한지를 파악하게 해준다. 생활의 기초라고 할 수 있는 내용이다. 이런 기초생활을 소홀히 하면서 마음챙김만 한다고 정신건강이 좋아지는 것은 아니다. 명상이 갑자기 하늘에서 떨어지는 기적 같은 것이 아니라는 얘기다. 일상의 삶을 건전하게 유지하는 것이 곧 명상임을 알게 된다.

그것은 상식을 확인하는 것이기도 하다.

그런 점에서 마음챙김 명상은 내가 살아 있음의 표시일 수 있다. 명상은 일상에 정성을 들이는 일에서 시작한다. 정성을 들인다는 것은 관심을 표현하는 것이고 거기에서 사랑이 싹틀 수 있다. 친절하고 따뜻한 정성과 관심과 사랑을 자기 몸의 움직임에 먼저 기울여보는 일이다.

불면의 밤이 깊어진다면
마음챙김이 대안이다

누구는 자기 싫어서 자지 않겠는가. 제대로 잠 못 드는 현대인, 불
면증은 또 하나의 현대병이다. 잠을 자려고 누워도 온갖 생각이
머리를 맴돈다.

쉴 때는 쉬어야 한다. 잘 쉬는 일이 중요한데 여행만큼 좋은 휴
식은 없는 것 같다. 명상도 일종의 여행이다. 산과 바다와 해외로
가는 것도 좋지만 자기 마음속으로 떠나는 '마음챙김 여행'도 그
에 못지않다. 아무리 좋은 곳으로 여행을 떠나도 이런저런 미련
과 후회와 걱정이 마음에 가득하다면 제대로 쉴 수 있을까? 어디
에 있든 내 마음속의 모든 것을 내려놓는 마음챙김 여행이야말
로 진정한 휴식이라고 할 수 있다.

사람들은 성공을 기원한다. 성공하기 위해서도 잘 쉬어야 하는데 그게 말처럼 쉽지 않은 것 같다. 성공은 기쁨을 가져다주지만 그 이면에는 스트레스의 어두움도 자리잡고 있다. '허핑턴 포스트' 창업자 아리아나 허핑턴은 세계적으로 손꼽히는 성공 모델이지만 그의 고백을 들어보면 꼭 그런 것만도 아닌 것 같다.

저명한 토크쇼 진행자 오프라 윈프리와 대담할 때 그는 '아픈 기억'을 들려줬다. 허핑턴 포스트를 창업하고 나서 두 해가 지난 2007년 4월 6일, 그는 사무실에서 과로로 쓰러졌다. 책상에 머리를 부딪혀 광대뼈가 부서졌으며 오른쪽 눈가를 네 바늘이나 꿰매야 했다.

시력을 잃지 않은 것이 천만다행이었다고 하는데, 치료하려고 병원에 가서야 비로소 자신이 그동안 살아온 삶의 의미를 스스로 물었다. '이것이 성공인가?' 그는 다음과 같은 답을 찾아냈다.

"성공에 관한 전통적 정의에 따르면 나는 성공했다고 할 수 있습니다. 하지만 성공의 온전한 정의에 따르면 사무실 바닥에 피를 흘리며 쓰러져 있는 것은 성공이 아니지요. 내가 사람들에게 해주고 싶은 말은 건강을 잃으면 모든 것을 잃는다는 것입니다."

정도 차이는 있을지라도 누구나 경험할 수 있는 일이다. 나이가 40대 이상이라면 특히 공감하지 않을 수 없을 것이다. 병원에서 나온 그는 '수면 전도사'로 나섰다. 『수면 혁명』이라는 책까지

펴냈다. 충분한 휴식이 필요하다는 얘기다. 그는 "진정으로 성공하고 싶다면 숙면 시간을 충분히 확보하라. 잠이야말로 새로운 시대의 성공 비결, 즉 전문성과 창조성의 근원이다"라고 말했다.

성공과 휴식의 리듬이 중요해 보인다. 하지만 제대로 잠을 자며 쉬는 것도 말처럼 그리 쉬운 일이 아니다. 누구는 자기 싫어서 자지 않겠는가. 제대로 잠 못 드는 현대인, 불면증은 또 하나의 현대병이다.

잠을 자려고 누워도 온갖 생각이 머리를 맴돈다. 낮에 있었던 아쉬운 일, 내일 더 해야 할 업무 등이 꼬리를 물고 머리를 맴돈다. 자리에 누워서도 끝나지 않는 스트레스 릴레이다. 성공을 향유하면서 온갖 스트레스에 시달리는 삶의 모순을 줄여볼 수 없을까.

오프라 윈프리 역시 대표적인 성공 모델인데 그에게는 고통스러운 유년의 기억이 있다. 흑인 사생아로 태어나 외할머니 손에 자라다 아홉 살 때 사촌오빠에게 강간을 당했고, 열네 살에는 미숙아까지 출산하는 등 말로 다 표현하기 힘든 고통의 시간을 보냈다. '슈퍼 소울 선데이'라는 프로그램에서 수많은 사람과 대담하며 느낀 점을 그는 이렇게 풀어놓았다.

"수천 번 쇼를 진행하면서 대화와 깨달음을 통해 알게 된 것이 있습니다. 사람은 누구나 인정받고 싶어합니다. 관심을 받길 원하고 자신이 중요한 사람이라 여기고 싶어합니다. 따라서 우리가 누군가를 위해 할 수 있는 일은 우리가 그를 보고 그의 말을 듣고 있다는 걸 알게 해주는 것입니다."(오프라 윈프리, 『위즈덤』)

마음챙김 대화가
가져온 변화들

누구나 고통을 경험하면서도 다른 사람과 속 깊은 대화를 나누지 못한다. 소통보다는 갈등이 일상화되어 있다고 해야 할지도 모르겠다. 자기가 듣고 싶은 것, 보고 싶은 것만 잘라 부분적으로 받아들이는 것이 갈등과 불통의 이유 아닐까?

마음챙김 훈련은 이에 대한 좋은 대비책이 될 수 있다. '소리 명상'으로 훈련해볼 수 있다. 지금 내 귀에 어떤 소리가 들리는지 귀 기울여보자. 듣기 좋은 소리는 더 듣기 원하고, 듣기 싫은 소리는 인상을 찌푸리는 것이 일반적인 모습이다. 차소리, 문소리, 발소리, 바람소리 등 내 귀에 들어오는 소리의 좋고 나쁨을 판단하지 말고 있는 그대로 알아차려보는 것이 훈련 방법이다. 내게 좋은 음악이 다른 사람 귀에는 소음으로 들릴 수 있다.

좋고 나쁨의 이분법에 익숙한 생각의 습관은 내 취향만 절대적으로 옳다고 내세우곤 한다. 그런 이분법에서 벗어나려는 것이 마음챙김이다. 마음챙김 명상을 한다면서 상대방이 하는 말을 잘 듣지 않고, 친절하게 말하지도 않는다면 그런 사람은 훈련이 덜 된 것으로 보아도 된다.

자, 이제 연습을 해보자. 편안한 자세로 앉아 호흡을 가다듬고 주변의 소리를 느껴보자. 어떤 소리가 들리는가. 자동차 소리, 에 어컨 돌아가는 소리, 문 닫는 소리, 물 마시는 소리 등 수많은 소리가 들린다. 이때 특별한 목적이나 의도 없이 양쪽 귀에 들려오는 소리를 있는 그대로 느껴보는 것이 훈련의 포인트다.

상대방 말을 잘 듣지 않는 데서 갈등과 오해가 싹튼다. 다른 사람 말을 잘 듣는 것을 경청(傾聽)이라고 한다. 영어로는 '마인드풀 리스닝(Mindful Listening)', 즉 '마음챙김 듣기'다. 경청과 마음챙김 듣기가 곧 명상이다. 틱낫한 스님은 잘 듣는 일, 즉 경청의 중요성을 이렇게 말했다.

"남의 말을 잘 듣는 데는 다만 한 가지 목적이 있을 뿐이다. 그들이 자기 속을 털어놓아 모두 비워낼 수 있도록 도와주려는 것이다. 남의 말을 잘 듣는 것 자체가 이미 그의 고통을 덜어주는 행동이다. 남의 고통을 덜어주는 것은, 그것이 아무리 사소한 고통이라도 세계 평화에 이바지하는 위대한 행동이다."(틱낫한, 『너는 이미 기적이다』)

마음챙김 듣기 + 마음챙김 말하기 = 마음챙김 대화

'마음챙김 듣기'는 '마음챙김 말하기(Mindful Speaking)'와 짝을 이룬다. 잘 들어야 잘 말할 수 있다. 마음챙김 듣기와 마음챙김 말하기가 함께 어우러져 '마음챙김 대화(Mindful Dialogue)'를 이룬다. 마음챙김 대화는 일방적으로 말하지 않고 쌍방향 대화로 진행되는 질 높은 대화다.

성숙한 대화의 출발점이 마음챙김 듣기이며, 이것이 아무리 사소한 내용일지라도 세계 평화에 기여하는 위대한 행동이 될 수 있다는 틱낫한의 언급은 주목할 만하다.

듣기와 말하기의 대화 중심에서 마음챙김이 연결고리 역할을 한다. 마음과 마음이 모여 대화의 하모니를 이루어낸다. 마음챙김에서 챙긴다는 말은 주의를 기울인다는 뜻이다. 주의를 기울인다는 것은 관심을 가지고 보살피며 배려한다는 뜻이다. 마음챙김에서 챙김 대상은 다른 것이 아니라 바로 마음이다. 우리 마음에 주의를 기울이고 관심을 가진다는 의미다.

마음챙김 듣기는 다른 사람 말에 귀 기울이는 것만을 가리키지 않는다. 자기 안에 있는 상처받은 내면의 소리에도 귀를 기울일 수 있다. 내면의 상처도 부드럽게 안아줄 수 있어야 한다.

마음챙김 수행을 하는 이들에게 전해 내려오는 이야기가 있다.

인간의 마음을 성난 호랑이에 비유하곤 한다. 성난 코끼리라 해도 무방하다. 성난 호랑이나 코끼리는 이리저리 마구 쏘다니다가 자기가 원하는 것을 얻지 못하면 흥분을 가라앉히지 못하고 끝내 말썽을 일으킨다. 내가 혹시 성난 호랑이가 된 적은 없는가.

잠시 기억을 더듬어보자. 누구나 갑자기 화를 내본 경험이 있을 것이다. 화를 내기 전과 후는 전혀 다른 세상이 되는 것을 경험해본 적이 있는가. 천당에서 지옥으로 한순간 상황이 뒤바뀔 수 있다. 인간 세상의 온갖 불행은 다름 아닌 성난 호랑이를 제멋대로 풀어놓는 데서 출발할지도 모른다. 지금 하는 일을 멈추고 자기 자신을 찾는 마음 여행을 잠시라도 떠나보면 어떨까.

수면은 최고의 명상,
잠자리 스마트폰부터 치우자

제대로 쉬려면 마음이 쉬어야 한다. 마음챙김 명상은 휴식의 기술이기도 하다. 내 몸과 마음이 지은 모든 행위에 대한 집착을 내려놓는 데서 출발한다.

오프라 윈프리는 삶의 목표에 대해 이렇게 말한 바 있다. "내목표는 더 깨어 있고 활기차고 생기 넘치는 삶을 사는 것이다. 어느 한순간도 놓치지 않고 온전하게 인식하고 경험할 수 있기를 기도한다. 그런 삶을 살기 위해서는 수행을 해야 한다."

평소 명상을 하는 것으로 알려진 그가 말하는 수행은 어렵지 않아 보인다.

"멈춰 서서 세 번 심호흡을 하라. 이것만으로도 당신 삶은 완전히 달라질 것이다."

달라이 라마가 말했듯이 수면은 최고 명상이 될 수 있다. 숙면하려면 잘 자는 기술도 필요하다. 오후에 카페인 음료를 많이 마신다든지, 잠자기 힘든 장치를 집 안 곳곳에 배치해놓고 숙면을 취하기는 어렵다.

아리아나 허핑턴은 잠을 잘 자기 위해 최소한 두 가지를 한다고 한다. 하나는 적어도 불 끄기 30분 전에는 침실에서 모든 첨단 기기를 치우는 일이다. 스마트폰은 수면 방지 부적과 같다.

다른 하나로 그가 권하는 것은 명상이다. 만약 침대에서 20분 동안 잠을 자려 안간힘을 썼다면, 더는 억지로 자려고 하지 말고 잠시 호흡을 가다듬어보라는 것이다. 고요한 호수의 이미지를 떠올려보기도 한다. 걱정거리나 불안한 생각을 돌로 여기고 이것들을 마음속 호수에 던진다. 조금 있으면 호수는 원래대로 잠잠해질 것이다.

영화 〈조커〉와
두 마리 늑대

지금껏 사회를 고치려는 수많은 시도가 실패한 원인은 인간의 마음을 제대로 살피지 않았기 때문일지도 모른다. 마음 개혁이 사회 개혁의 선결 조건이 될 수 있다.

명상하는 이들 사이에 자주 얘기되는 '인디언 우화'가 있다. 체로키 인디언 할아버지가 손자와 대화를 나누는 것이다. 대화 주제는 인간의 내면에서 벌어지는 선과 악의 다툼이다. 할아버지와 손자의 대화치고는 제법 심오하다. 할아버지가 손자에게 이렇게 말한다.

"얘야, 다툼은 우리 모두의 내면에 있는 두 마리 '늑대' 사이에서 벌어진단다. 한 마리는 악한 늑대다. 악한 늑대는 분노, 시기,

질투, 슬픔, 유감, 탐욕, 오만, 죄의식, 열등감, 거짓, 거만함, 우월감, 그릇된 자존심이란다."

할아버지는 다른 한 마리 늑대에 대해서도 함께 알려준다.

"다른 한 마리는 착한 늑대다. 착한 늑대는 환희, 평화, 사랑, 희망, 평온, 겸손, 친절, 자비심, 공감, 관대함, 진실, 연민, 믿음이란다."

할아버지 이야기를 들은 손자의 질문이 당돌하다.

"어느 늑대가 이기나요?"

할아버지 대답이 절묘하다.

"네가 먹이를 주는 놈이 이기지."(크리스토퍼 거머, 『오늘부터 나에게 친절하기로 했다』)

이 우화에는 인디언 문화의 오래된 지혜가 담겨 있다. 단지 옛날이야기로 그치지 않는다. 오늘 우리 삶도 이와 크게 다르지 않아 보인다. 선악의 대결은 영원한 주제다. 선악이 대립하는 상황과 원인은 여러 가지일 것이다. 내 밖에 있을 수도 있고 내 안에 있을 수도 있다. 마음챙김 명상은 우선 내 안에 초점을 맞춘다. 나는 지금 악한 늑대와 착한 늑대 둘 중 어느 늑대에게 먹이를 주는가?

영화 〈조커〉는 다양하게 해석될 수 있는 문제작인데 나는 〈조커〉를 보면서 이 인디언 우화를 떠올렸다. 내면의 악을 강렬하게 표출하는 주인공 호아킨 피닉스의 연기는 영화의 긴장도를 높인다. 시간이 흐를수록 그는 점점 더 폭력적으로 변한다.

그가 파국을 맞기 전에 인디언 할아버지처럼 따뜻한 지혜를 전해주는 이를 만났다면 어떻게 되었을까? 영화 속에 그를 위로하는 심리상담사가 등장하지만 조커와의 대화는 겉돌기만 한다.

조커는 일종의 정신분열 환자로 설정되어 있다. 현실과 망상을 수시로 오간다. 타인의 인정과 관심을 받지 못하는 데서 오는 불안과 동경이 망상으로 나타나는 듯하다. 아버지의 부재와 어린 시절 엄마에게서 받은 학대의 아픈 기억이 그의 마음속 깊이 잠재되어 있다. 극중 그의 엄마도 정신분열 환자다.

조커는 살면서 한 번도 행복한 적이 없었다고 토로하는데, 엄마는 어릴 때부터 그를 '해피(happy)'라는 별명으로 부르며 웃음을 강요한다. '엽기적 역설'이라고 할 수 있을지 모르겠다. 육체는 성장했어도 마음속 깊이 내장된 고통은 수시로 불쑥불쑥 솟구친다. 두 손가락으로 양 입가를 끌어 올리는 피에로의 웃음은 즐거움이 아니라 울음의 다른 표현으로 보인다.

조커(joker)의 문자 그대로의 뜻은 웃음을 주는 사람이다. 영화는 여러모로 역설적이다. "내 인생이 비극인 줄 알았는데, 코미디였어"라는 주인공의 독백도 그렇다. 토드 필립스 감독은 본래 코미디물 전문인데 그런 경력의 감독이 만든 새로운 코미디라고 할 수 있다. 이와 비슷한 대사를 찰리 채플린이 이미 우리에게 던져놓았다.

"삶은 가까이서 보면 비극, 멀리서 보면 희극이다." 인생은 가까이서 볼 수도 있고, 멀리서 볼 수도 있다. 비극과 희극이 교차하는 인생에서 어느 것이 삶의 진짜 모습일까?

조커는 타인의 따뜻한 위로를 갈구하는데, 그에게 돌아오는 타인의 반응은 차가웠다. 무관심이라고 해야 할 텐데 이해를 원하는 그에게는 냉대로 느껴진다. 웃음을 모르는 조커의 꿈이 코미디언으로 성공하는 것이라는 설정도 역설적이다. 웃을 줄 모르는 사람이 남을 웃길 수 있을까?

조커가 자신의 코미디 노트에 적어놓은 "나의 죽음이 삶보다 가치 있기를"이라는 문장에서는 죽음의 냄새가 짙게 풍긴다. 죽음은 아무도 예외가 있을 수 없는 절대적 평등의 세계일 수 있다. 하지만 죽음이 동경의 대상이 될 수는 없다.

우리가 잘 죽기(well-dying)를 바라는 것은 잘 살기(well-being) 위해서 아닌가. 죽음은 삶을 되돌아보게 하는 기능을 한다. 삶과 죽음의 경계에서 이 영화는 죽음 쪽으로 기울어 있는 듯하다. 죽음과 불안과 광기는 영화의 전반적 분위기를 이끈다.

마음챙김 명상은
마음 개혁의 다른 이름

죽음은 명상의 중요한 소재다. 아이폰을 만든 스티브 잡스는 평소 명상을 했다고 하는데 유명한 2005년 스탠퍼드대학교 졸업식 연설에서 죽음을 언급했다.

"죽음 앞에서는 모든 외부의 기대, 모든 자부심, 모든 난처한 상황이나 실패에 대한 두려움 등이 사라지고 진정으로 중요한 것만 남게 될 것입니다. 당신이 죽으리라는 사실을 잊지 않는 것이 당신이 무엇인가를 잃을까 전전긍긍하는 함정에 빠지지 않을 가장 좋은 방법입니다."

죽음이란 무엇인가. 인간은 누구나 태어나는 순간 이미 죽음을 향해 달려가고 있다. 그런 점에서 보면 생명과 죽음이 공존하는 것이 우리 삶의 모습이라고 할 수 있다. 삶에는 이미 죽음이 있다.

인디언 우화와 비슷한 이야기를 에리히 프롬도 제시한 바 있다. 정신분석학자이자 사회비평가이면서 명상에도 관심이 많았던 프롬은 자신이 지은 『인간의 마음』에서 '인간은 늑대인가, 양인가?'라는 화두를 던졌다. 체로키 인디언 할아버지가 말한 나쁜 늑대와 착한 늑대가 프롬에서는 늑대와 양으로 표현되었다고 볼 수 있다.

프롬은 인간의 선악을 실체로 보지 않고 우리 마음속에 들어 있는 모순이라고 본 것 같다. 개개인의 마음속에 선을 행하려는 경향과 악을 행하려는 경향이 다 들어 있다는 얘기다. 두 경향 가운데 어떤 것이 우세하냐에 따라 선을 행하기도 하고 악을 행하기도 한다. 양자택일 문제로 보는 것이다. 우리는 무엇을 선택할 것인가. 그것은 개인의 자유다.

프롬의 문제의식은 사회에도 적용될 수 있다. 그 사회가 삶을 사랑하는 구조인가 아니면 죽음을 지향하는 구조인가? 이 선택도 사회 구성원들의 자유로운 선택 앞에 열려 있는 문제인데, 여기서 간과해서는 안 될 사실은 개인이든 사회든 자유로운 선택에는 책임이 따른다는 점이다.

마음의 크고 작은 스트레스는 육체의 질환으로 연결된다. 마음챙김 명상으로 스트레스를 줄이는 연습은 건강한 몸의 출발점이 될 수 있다. 육체의 병에만 해당하는 얘기는 아니다. 사회적 질환도 인간의 마음에서 비롯할 수 있다. 사회를 만들고 운영해가는 인간의 마음이 병들면 사회도 아프게 될 것 아닌가. 지금껏 사회를 고치려는 수많은 시도가 실패한 원인은 인간의 마음을 제대로 살피지 않았기 때문일지도 모른다. 마음 개혁이 사회 개혁의 선결 조건이 되는 것이다.

마음챙김 명상은 마음 개혁의 다른 이름이다. 마음챙김 또는 마음 개혁은 거창한 것이 아니라 대개 우리가 일상적으로 하는 호흡에서 시작한다.

　지금 무슨 일을 하든 잠시 멈추고 자기 호흡에 주의를 기울여 보자. 편안한 자세로 눈을 지그시 감아도 좋다. 깊이 한 번 숨을 들이마시고 내쉬며 이렇게 기원해보자. 나와 여기 있는 모든 사람이 고통에서 벗어나 평안하고 행복하기를….

가난했기에
『성냥팔이 소녀』를 쓸 수 있었다

살면서 어려움이 아예 없으면 좋겠지만, 현실적으로 그렇게 되기는 어렵다. 시련과 고통을 지혜롭게 이겨내는 일이 현실적으로 필요한데, 그렇게 역경을 극복하는 능력을 심리학에서는 '회복탄력성'이라고 한다. 영어 'resilience'의 번역어인데 용수철처럼 되튀어 오르는 힘을 의미한다. 심리학뿐 아니라 정신의학, 교육학, 경제학, 커뮤니케이션학 등 다양한 분야에서 연구되는 개념이다.

회복탄력성은 일종의 '마음 근육'이라고 할 수 있다. 회복탄력성이 큰 사람은 역경을 성공의 발판으로 만들어나간다. 아주 가난한 집에서 태어나 초등학교도 못 다니고 알코올중독 아버지의 학대를 받은 안데르센은 훗날 동화작가로 명성을 얻은 뒤 이렇게 말했다. "생각해보니 나의 역경은 정말 축복이었습니다. 가난했기에 『성냥팔이 소녀』를 쓸 수 있었고, 못생겼다고 놀림을 받았기에 『미운 오리 새끼』를 쓸 수 있었습니다."

어린 딸에게 동화책 사줄 돈도 없을 정도로 가난에 시달리던 싱글맘 조앤 롤링이 아이에게 직접 동화를 써서 읽어주다가 탄생한 책이 세계적 베스트셀러 『해리 포터』다.(김주환, 『회복탄력성』)

어려서 사랑을 받고 자란 아이의 회복탄력성이 크다고 한다. 하지만 사랑을 덜 받고 자랐다고 해서 부모와 환경을 탓할 필요는 없다. 몸 근육을 단련하듯 마음 근육을 키우는 훈련으로 회복탄력성을 향상시킬 수 있기 때문이다.

회복탄력성을 키우는 훈련의 핵심은 마음의 긍정성을 강화하는 것이다. 일상에서 감사하는 습관이 회복탄력성을 높여줄 수 있다. 마음 근육이 늘어나면 어떤 사건이 닥쳤을 때 반응하는 방식이 달라진다. 그것은 자기조절 능력과 대인관계 능력의 향상으로 나타난다.

마음챙김과 불교,
동서양 문명의 흐름

법정 스님의 글은 오늘날 영미권에서 바람을 일으키는 현대 명상
과도 잘 어울리는 듯하다. 불교라는 종교를 의식하지 않고도 한
편의 성찰적 수필처럼 읽히는 점에서 그렇다.

마음챙김이라는 말은 잘 들어보지 못한 독자라도 『무소유』라는
책으로 널리 알려진 법정 스님의 글은 더러 보았을 것이다. 스님
인 법정보다는 '명상 수필가'로서 그를 더 가깝게 느끼는 이가
적지 않을 것 같다.

"말이란 오해를 동반하게 된다. 똑같은 개념을 지닌 말을 가지
고도 의사소통이 잘 안 되는 것은 서로가 말 뒤에 숨은 뜻을 모
르고 있기 때문이다. 엄마들이 아가의 서투른 말을 이내 알아들

을 수 있는 것은 말소리보다 뜻에 귀 기울이기 때문이다. 이렇듯 사랑은 침묵 속에서 이루어진다."

법정 스님이 1974년에 쓴 '침묵의 의미'라는 글인데, 불교인이 아니더라도 누구나 편안하게 접근할 수 있다. 언뜻 무뚝뚝해 보이기도 하는 문체인데, 평범한 일상어에 담긴 의미가 잔잔하면서도 깊이 있게 다가온다. 평범함 속의 비범함이라고 할까.

"평화의 적은 어리석고 옹졸해지기 쉬운 인간의 그 마음에 있다. 또한 평화를 이루는 것도 지혜롭고 너그러운 인간의 그 마음에 달린 것이다. 그래서 평화란 전쟁이 없는 상태이기보다는 인간의 심성에서 유출되는 자비의 구현이다."

『무소유』마지막 장에 나오는 이 문구도 그렇다. 1971년에 쓴 것으로 기록되어 있다. 만약 이 글을 누가 썼는지 모르고 읽는다면 요즘 많이 번역되는 마음챙김 명상 관련 책의 한 대목이거나 틱낫한 스님의 글로 여겼을지도 모른다.

법정 스님의 글은 오늘날 영미권에서 바람을 일으키는 현대 명상과도 잘 어울리는 듯하다. 불교라는 종교를 의식하지 않고도 한 편의 성찰적 수필처럼 읽히는 점에서 그렇다. 기독교 국가인 영미권에서 새롭게 유행하는 마음챙김 명상은 불교를 전면에 내세우지 않는다. 특정 종교와 무관함을 강조하면서 명상을 위해 불교 신자가 될 필요가 없다고까지 말한다.

하지만 명상 방법에서 불교와 전혀 관련이 없다고 할 수는 없다. 인도의 오래된 전통 요가에서 태국·미얀마 등 남방불교권의 위파사나, 한국의 전통 참선까지 누루 서양의 명상에 영향을 미쳤기 때문이다.

참선 또는 선이라는 말을 전통적으로 사용해온 한국 불교계에서도 요즘은 참선 대신 명상이라는 용어가 점차 확산되고 있는 듯하다. 전국 주요 사찰에서 운영하는 템플스테이의 주요 항목도 명상이다. '차 명상' '자비 명상' 등 다양한 명상 용어를 공식적으로 사용한다. 2017년에는 불교계의 주요 명상단체들이 모여 '한국명상지도자협회'를 창립했다. 얼마 전까지만 해도 전통적 참선이란 말이 놓였을 자리를 명상이 차지했다. 명상이 그만큼 보편적인 마음수행의 공용어로 부상했음을 상징적으로 보여준다.

명상은 깨어 있는
삶의 한 부분

13년째 이어온 '서울국제불교박람회'라는 행사가 있는데, 2019년의 공식 주제를 '명상'으로 내걸었다. 조계종 주최로 11월 15~17일 서울무역전시컨벤션센터(SETEC)에서 열린 이 행사는 불교 관련

산업이나 예술작품을 소개하는 기존의 차원을 넘어 명상을 주제로 한 본격적인 콘퍼런스를 별도로 기획해 눈길을 끌었다.

이 콘퍼런스는 크게 세 가지로 구성되었다. '죽음에 관한 명상(Being with Dying)' '마음챙김 자기연민 명상(MSC ; Mindful Self-compassion)' '마음챙김에 근거한 스트레스 완화(MBSR)' 프로그램이 그것이다. 오늘날 영미권에서 유행하는 명상을 망라해놓은 셈이다. 3일간의 행사 일정 중 3종의 명상 프로그램을 하루에 하나씩 배치해 매일 오전 10시부터 오후 6시까지 현대 명상의 주요 흐름을 압축적으로 체험해볼 수 있게 했다.

이 행사를 기획한 김영수 연출감독은 "박람회 주제를 명상으로 잡고 한국 최대의 '명상 쇼'를 펼칠 수 있었던 것은 큰 행운이었다. 명상의 A부터 Z까지 다 보여주고 싶었다"라고 말했다.

명상의 모든 것을 3일간 행사에서 다 보여줄 수는 없다. 예컨대 MBSR 하나만 해도 기본적으로 8주간의 프로그램으로 구성되어 있다. 하지만 이번 행사 동안 하루에 8시간씩 명상 체험에 할애함으로써 적어도 프로그램 각각의 특징을 어느 정도 보여줄 수는 있었다.

이번 행사에서 MSC 분야를 맡은 서광 스님, MBSR 분야를 맡은 안희영 한국MBSR연구소 소장은 모두 미국에서 박사학위를 받으며 '미국식 명상'을 배우고 왔다. 이들이 하는 현대 명상의 공통점은 마인드풀니스, 즉 마음챙김이다.

명상의 원류는 불교를 비롯한 동양의 전통적 수행법이다. 과거에 동양의 전통 수행이 서양의 명상에 영향을 주었다면, 이제 역으로 동양이 서양의 명상에서 영향을 받는 식이라고 할 수 있다.

한국명상지도자협회 이사장 혜거 스님은 "유럽이나 미국에서 명상 붐이 크게 일어났듯이, 우리나라도 그런 방향으로 가게 될 것입니다. 앞으로 모든 종교가 신앙에서 수행 중심으로 바뀔 것입니다"라고 전망하면서 이렇게 덧붙인 바 있다.

"저는 종교와 상관없이 명상을 하라고 합니다. 명상은 가르치는 것이 아니라 자기가 하는 것이기 때문에 가르친다고 할 수도 없어요. 종교와 하등의 관계없이 자기가 발심해서 하면 되지요. 자기 종교가 깊어지려면 앞으로는 명상을 해야 할 겁니다."

법정 스님의 글을 조금 더 감상해보자. 법정은 "명상이란 우리들의 일상적인 삶과 다른 무엇이 아니라 깨어 있는 삶의 한 부분이다. 무슨 일에 종사하건 간에 자신이 하는 일을 낱낱이 지켜보고 자신의 역할을 지각하는 것이 명상"이라고 했다. "우리가 불행한 것은 가진 것이 적어서가 아니라 따뜻한 가슴을 잃어가기 때문이다. 따뜻한 가슴을 잃지 않으려면 이웃들과 정을 나누어야 한다"는 표현도 가슴에 와닿는다.

중도,
집착과 어리석음에서 벗어나야

불교 전통 참선과 현대 명상은 겹치는 부분도 있고 갈라지는 부분도 있다. 겹치는 공통점을 더 많이 찾아보려는 인물 중 탄허 스님의 제자인 혜거 스님을 빼놓을 수 없다. 현재 한국명상지도자협회 이사장이기도 한 혜거 스님이 펴낸 『천 년을 이어온 마음 수련법』은 참선과 명상의 접점을 되새겨보게 한다. 혜거 스님은 전통 참선 수행 지침서인 『좌선의(坐禪儀)』를 현대 명상 용어를 사용해 새롭게 풀어냈다.

좌선이나 참선이나 명상의 목적은 크게 다르지 않다. 그것은 행복이라고도 할 수 있는데, 혜거 스님의 표현처럼 성숙한 삶이라고 해도 좋을 것 같다.

"한 인간이 성숙해진다는 것은 자신과 전혀 다른 마음을 가진 무수한 사람들과 잘 어울려 살아가는 것을 뜻하고, 이것은 자신의 마음을 잘 다스릴 수 있을 때 가능하다."

불교 수행의 핵심을 조화와 중도로 풀어내는 대목도 눈여겨볼 만하다. "불교 수행의 핵심은 조화다. 그 무엇이든 지나쳐도 안 되고 부족해도 안 된다. 조화는 한 사람 한 사람이 자신을 버릴 때 이루어진다. 중도란 좌우 양끝의 한가운데를 뜻하는 것이 아니다. 집착과 어리석음에서 벗어난 가장 적절한 상태를 말한다. 곧 부처가 제시한 바르게 사는 여덟 가지 길, 즉 팔정도와 같은 개념이다."

면역력을 떨어뜨리는 여러 요인이 있겠지만 마음챙김 명상이 주목하는 것은 스트레스다. 스트레스로 인한 마음의 고통은 면역계에 부정적 영향을 미친다. 스트레스가 면역을 약화한다. 그런 점에서 스트레스를 조절하는 마음의 관리는 결국 면역 관리의 출발점이 된다. 건강한 면역력을 형성하려면 건강한 마음을 가져야 한다는 것이다. 밝고 긍정적인 마음이 튼튼한 면역력을 만드는 원동력이다.

PART

3

명상이 불러온
삶의 변화들

50대에 발견한 자연의학, 명상은 '건강 상식'

> 건강에 제일 문제가 되는 것이 생활환경과 습관이죠. 당뇨·고혈압·암이 다 거기서 옵니다. 그것을 잘 조절하면 되는데 한국 사람들이 제멋대로인 경우가 많아요.

정신과의사 이시형 박사는 매일 아침 명상으로 하루를 시작한다. 80대 중반인 그에게 건강 장수의 비결을 묻자 "특별한 비결은 없다. 대체로 규칙적인 생활을 한다"고 했다. "기계적으로 시간을 맞추는 규칙은 아니고 대충 규칙적이다"라며 그중 중요한 것으로 스트레칭과 명상을 꼽았다.

"아침 일찍 일어나 스트레칭과 명상을 합니다. 30분 정도. 그게 건강의 비결이라면 비결입니다."

지난 30여 년간 그는 '이시형 박사'로 통하며 대한민국을 대표하는 정신과의사로 꼽혀왔다. '국민 의사'로 불리며 정신건강과 자기 계발, 자녀 교육 등에 관한 베스트셀러를 여러 권 출간하기도 했다. 어느새 80을 훌쩍 넘겼지만 나이보다 훨씬 젊어 보이는 그가 제시한 '건강 상식'이 명상이다.

어떤 명상을 하냐고 묻자 '이시형 명상'이라고 했다. "어느 틀에 매인 게 아니고, 아침에 일어나면 우선 내 몸에 감사하고 발을 주무르며 명상을 시작합니다. 반가부좌를 편안하게 하면서 내 속으로 외우는 구절이 있습니다. 그걸 외우며 명상을 하죠."

그가 발을 주무르며 속으로 묵상하는 구절은 "수고했다, 고맙다, 조심할게, 잘 부탁해"라고 한다. 하루 생활을 하다 보면 발이 제일 고생하니까 그런 말을 한다고 한다. 발을 대상으로 했을 뿐이지 눈여겨보면 감사하고 고마워하고 조심하는 마음가짐으로 하루를 시작한다는 것이다.

이 박사는 『홍당무』로 유명한 프랑스 소설가 쥘 르나르의 아침 묵상 기도를 좋아한다고 했다. 르나르는 매일 아침 눈을 뜨며 이렇게 묵상했다고 한다. "눈이 보인다. 귀가 즐겁다. 몸이 움직인다. 기분도 괜찮다. 고맙다. 인생은 참 아름답다."

묵상하는 구절이 무엇인지는 저마다 상황에 맞게 만들어갈 수 있다. '이시형 명상'을 그가 만들었듯이 누구나 자기만의 명상을 만들고 좋아하는 구절을 암송하면 된다는 얘기다.

그가 명상을 처음 알게 된 것은 경북대학교 의대를 다니며 가정교사를 할 때였다. 1950년 중후반에 있었던 일이니 '옛이야기'다. 그가 가르치던 학생과 함께 방학 때 해인사에서 머문 적이 있었는데, 그때 스님들이 하는 참선을 호기심을 가지고 바라보았다고 한다. 직접 명상을 한 것은 한참 뒤의 일이다.

"1950~1960년대에도 명상이란 말은 있었지만 일반 사람들이 많이 하지는 않았고, 불교에서 하는 종교의식이 지배적이었지요. 이후 미국 학자들이 명상의 효과를 연구하고 뇌과학이 발달하면서 달라집니다. 1990년대 들어와 미국에서 '뉴잉글랜드 프런티어 사이언스 그룹'이 등장해 '명상은 증명된 과학'이라고 선언한 것이 결정적입니다. 그 그룹이 달라이 라마를 초청해 뇌파 검사를 했는데 보통 사람들의 뇌파와 전혀 다른 뇌파가 나온 것을 보고 다들 놀랐죠. 저도 그 영향을 받았습니다."

21세기에 유행하는 마음챙김(Mindfulness) 명상에 대해 그는 이렇게 말했다. "원래 불교의 참선은 깨달음이 목표인데 마음챙김 명상은 우리 마음의 편안함을 지향합니다. 그런 차이가 있습니다. 미국에서 유행하는 마인드풀니스는 실용적이어서 구글이나 애플 같은 세계적 IT기업의 직원들이 해보고 도움이 되니까 확산된 것입니다."

호흡 명상으로
세로토닌 활성화

이시형 박사의 직함은 세로토닌문화원 원장, 힐리언스 선마을 촌장, 한국자연의학종합연구원 원장 등 세 가지다. 세 단체 모두 명상과 관련이 있다. 매주 한 번 이상 선마을에서 그가 특강을 하는데 강연의 포인트는 생활환경과 습관의 개선이다.

"건강에 제일 문제가 되는 것이 생활환경과 습관이죠. 당뇨·고혈압·암이 다 거기서 옵니다. 그것을 잘 조절하면 되는데 한국 사람들이 제멋대로인 경우가 많아요. 식습관, 운동습관, 마음습관, 생활리듬습관을 조절하는 연습을 하는 겁니다."

그는 한국인의 감정 조절 능력 부족에 대해서도 지적했다. "한국인은 감정 조절이 잘 안 되는 것 같습니다. 도로에서 벌어지는 보복 운전 같은 것이 그렇고, 국회도 그렇고, 노사분규도 그렇고 모두 너무 감정적입니다. 감정 조절이 잘 안 되면 문화적 성숙도가 떨어지게 되죠."

그는 병 예방을 강조했다. 이는 개인과 사회에 모두 적용된다. 인류 사회를 위한 높은 이상을 가져보는 일도 필요하다고 했다.

"많은 사람이 자기 생활 관리를 제대로 못해 병에 걸립니다. 그걸 예방해보고 싶다는 생각을 40대 후반부터 했어요. 2017년에 세계적인 잡지 〈네이처〉에도 연구 논문이 나왔듯이 높은 이상을 가지고 있으면 그 이상이 실현될 때까지 병도 걸리지 않고 늙지도 않습니다. 그걸 위해 책도 쓰고 강연도 하고, 나 나름대로 의사로서 이상을 실현하려고 한 것이죠. 그때부터 오늘까지 감기 몸살 한 번 걸려본 적이 없습니다. 인류사회를 위한 이상을 추구하는 것도 건강에 중요합니다. 그러면 피곤하지도 않습니다."

예방을 위해 필요한 것은 '밝고 긍정적인 마음'이다. 밝고 긍정적인 마음은 명상이 추구하는 목표이기도 하다. 명상을 통해 우리 마음을 밝은 쪽으로 바꿔갈 수 있다고 한다. 뇌과학에서 말하는 '뇌의 가소성' 이론이 그것이다. 뇌를 바꿀 수 있다는 것이며 가장 쉬운 방법이 명상이라고 한다.

"명상을 하면 행복과 사랑의 뇌 신경물질이 많이 분비됩니다. 세로토닌과 옥시토신이 그것입니다. 생활습관을 개선하는 데는 '마음 습관'이 제일 중요하죠. 한국인은 세로토닌이 부족해서 여러 사회병리적 문제가 생긴다고 볼 수도 있습니다."

이시형 박사는 그동안 실체가 없다고 여겨지던 '화병'을 세계적 정신의학 용어로 등재시킨 바 있다. 미국 정신의학회는 화병을 우리나라 발음을 따서 'hwabyung'으로 표기한다. 화병은 일종의 '한국 정신병'으로 간주된다고 볼 수도 있다.

세계적으로 유명해졌다고 해서 그리 좋아할 일은 아니다. 화병

치유책으로 호흡 명상이나 걷기 명상이 권장된다. 호흡을 조절하면서 분노를 가라앉히는 것이다. 이시형 박사가 세로토닌문화원을 만든 이유이기도 하다. 세로토닌을 활성화하기 위한 일종의 공익사업도 진행하고 있다.

"예컨대 중학생들이나 국군을 위해서 '드럼'을 만들어 보내는 식이죠. 리드미컬한 운동을 하면 정서가 안정되어 세로토닌이 분비됩니다. 화를 조절하는 신경물질이 세로토닌입니다. 화병 난 사람이 가슴을 친다거나 신세타령을 하며 넋두리하는 것이 리드미컬한 행위와 관련됩니다. 가슴을 치다가 세로토닌이 분비되는 겁니다. 북소리를 들으면 즐거워지는 것도 세로토닌 효과 때문이죠. 삼성생명 임직원들의 후원을 받아 현재 230개 중학교에 보냈습니다."

그는 일상생활에서 세로토닌을 활성화하는 방법으로 간단한 호흡 명상을 추천했다. 따뜻한 햇볕을 받으며 가볍게 산책하듯이 천천히 걸으면서 걷기 명상을 하면 더욱 좋다고 했다.

마음가짐을 바꾸는
자연치료

의학에는 두 종류가 있다. 하나는 응급환자에게 첨단 의료를 제공하는 '병원의학'이고, 다른 하나는 인체의 자연 치유력을 존중하는 '자연의학'이다. 병원의학으로 의사 생활을 시작한 이시형 박사는 50대 들어서면서 자연의학에 관심을 가지게 되었다.

　명상은 자연의학의 일종이지만 점차 병원의학으로 그 영역을 확장해가고 있다. 뇌과학의 발달이 그 배경이다. 이 박사는 우리 사회에서 병원의학과 자연의학의 융합을 시도한 1세대 정신과 전문의이자 뇌과학자로 볼 수 있다.

불면증 환자나 우울증 환자가 병원에 왔을 때 그 역시 수면제·신경안정제·항우울제 등을 처방하곤 했다. 한 환자에 3분 정도면 진료가 끝났다. 어느 날 그 같은 진료 행위에 회의가 들기 시작했다. 약물 치료에 한계가 있다는 것을 느끼기 시작한 것이다. 자연의학을 공부하게 된 계기다.

자연의학 중에서 그가 가장 중시하는 것은 생활습관이다. 큰돈 들이지 않고 발병하기 전에 병을 예방하자는 것이다. 식사습관, 운동습관, 마음습관, 생활리듬습관 등 4대 생활습관을 이야기한다. 이중에서 가장 중요한 것은 마음습관이다. 감정을 다스리는 마음습관은 명상으로 조절할 수 있다. 마음을 어떻게 먹느냐에 따라 건강이 달라진다.

그에 따르면, 습관적으로 성을 내는 사람은 건강을 제대로 유지할 수 없다고 한다. 병은 하루아침에 갑자기 발생하지 않는다. 스트레스와 피로의 누적이 고혈압·당뇨·암 등을 유발한다. 예방과 치료는 마음가짐을 바꾸는 데서 시작한다. 우선 자신이 살아온 생활패턴을 돌아보아야 한다. 지나치게 과로하지는 않았는가. 과거에 대한 후회와 분노, 오지도 않은 미래의 걱정에 휩싸여 있지는 않았는가.

"화가 날 때 심호흡을 세 번만 해보세요. 천천히 호흡하면 자율신경이 조절되고 교감신경이 가라앉아요. 누구든 해보면 압니다."

어느 누구도 24시간 긴장상태로 살 수는 없다. 몸에서 보내주는 멈춤과 휴식의 경고를 알아차릴 수 있어야 한다. 몸살은 그만 좀 쉬라는 신호다. 우리 몸의 자연적 면역기능이 아직은 작동한다는 증거다. 지금 잠시 하던 일을 멈추고 부드럽게 눈을 감은 후 자기 호흡을 가만히 지켜보자.

바이러스와 자발적 격리,
면역력 높이는 마음챙김

그 마음속의 공간을 넓히는 일은 면역력을 높이는 것과 크게 다르지 않은 것 같다. 나를 건강하게 하고 이 세상을 구하는 변화의 힘을 우리 내면의 공간에서 찾는 것이 명상이다.

남산 둘레길은 산책하기 좋은 코스다. 휴일이면 종종 걷곤 한다. 어느 쪽에서 시작해도 상관없다. 장충동 국립극장 쪽에서 올라가도 좋고, 퇴계로와 남대문 시장 부근에서 출발해도 괜찮다. 특별한 목적지를 정해놓고 걷는 것도 아니다. 그냥 걷는다. 속도를 낼 것도 없고 단지 한 걸음 한 걸음 내딛는 발에 주의를 가져갈 뿐이다. 발바닥이 땅에 닿는 매 순간을 느껴보는 훈련이다. 마음챙김 걷기 명상이다. 코로나19 전염병이 돌고부터는 이곳도 썰렁

하다. 어디든 사람들이 모이는 장소는 기피대상이다. 감염을 피하려는 본능적 현상이다.

걸을 때는 단지 걷기만 하라! 저명한 명상가들이 다 하는 말인데, 그게 말처럼 쉽지만은 않다. 평상시에도 이런 생각, 저런 감정이 수시로 떠올라 주의를 앗아가기 마련이다. 전염병으로 흉흉한 특수 상황에서는 더욱더 많은 생각이 오간다. 두려움 때문이다. 감염 공포로 가는 곳마다 주변을 살핀다. 지나치는 사람에게조차 경계의 눈빛을 보내게 된다.

외출하지 않고 걷기 명상을 할 수는 없을까? 할 수 있다. 걷기 명상을 하려고 꼭 집 밖으로 나가야 하는 것은 아니다. 걷기 명상은 어디서나 할 수 있다. 반드시 거리가 멀어야만 마음챙김이 되는 것은 아니기 때문이다. 1미터 이내 공간에서도 가능하다. 중요한 것은 가고자 하는 거리가 아니라 내가 지금 걸음을 떼려고 하는 순간을 알아차리는 일 자체다. 호흡을 가다듬으면서 아주 천천히 제자리걸음을 하듯 한 발 한 발 움직여보는 것도 좋다. 바이러스 감염을 피하기 위해 밖으로 나오지 않고 '자발적 격리'를 할 때 해볼 만하다.

바이러스 상황은 앞으로 더 나빠질 것인가 아니면 좋아질 것인가. 일주일 앞을 내다보기 힘들 정도로 바이러스 진행 경과가 불투명하다. 바이러스 못지않게 '감염 공포'가 사람들을 움츠러

들게 한다. 죽음 순서를 기다리는 공포라고나 할까. 코로나19가 처음 알려질 때의 혼돈은 그런 데서 비롯했을 것이다.

치사율이 우려했던 것보다는 그리 높지 않다는 소식이 전해지면서 공포와 불안이 좀 덜해지는 듯하다. 감염 확진자 수가 폭증세를 보여도 마음에 어느 정도 여유 공간이 남아 있는 것은 그 때문인 것 같다.

조마조마하며 우왕좌왕하는 바이러스 시국이 마치 우리 삶의 축소판처럼 느껴지기도 한다. 이번 바이러스가 발생한 원인도 아직 정확히 규명하지 못한 상태다. 감염 증상이 나타나지 않은 상태에서도 다른 사람에게 전염될 수 있다고 한다. 매사 '내가 의사'라는 생각으로 최악의 상황을 대비하는 수밖에 뾰족한 비결은 없는 것 같다.

내 몸은 내가 지킨다, '약 없는 약' 자연치료

2020년 2월 8일 질병관리본부 중앙방역대책본부의 발표가 눈길을 끌었다. 국가지정격리병원(국립중앙의료원)에 입원했던 2번 환자가 격리 치료를 받은 지 13일 만에 퇴원했다고 한다. 바이러스 검사에서 2회 이상 '음성' 판정을 받았기 때문이다. 다른 사람에게 바이러스를 전파할 우려가 없어졌다는 뜻이다. 6일엔 국내 1번 환자인 중국인 여성도 인천시의료원에서 격리 치료를 받다가 완치되어 퇴원했다. 그 역시 발열 등 증상이 호전되었고 2회 이상 시행한 바이러스 검사에서 '음성'으로 확인되었다고 한다.

이번 신종 바이러스의 원인을 아직 모르기 때문에 그에 대한 치료제도 없는 상황이다. 치료약이 없는데 어떻게 완치될 수 있을까?

국립중앙의료원 측의 설명이 흥미롭다. 언론 인터뷰에서 "치료제가 없는데 어떻게 좋아졌느냐 하면, 자연적으로 치료된 것"이라고 했다. 또 이렇게 덧붙였다. "약이 없는 일반 감기 코스와 비슷하게 정상적인 건강한 성인이라면 바이러스에 감염되더라도 우리 몸의 면역체계가 작동해 짧게는 10일에서 길게는 3주 안에 항체가 생겨 병이 저절로 좋아지고, 균이 다 없어져 열도 떨어지고, 그래서 낫게 되는 것이다."

나에게 흥미롭게 다가온 것은 바로 '자연치료' '면역체계' '저절로 좋아짐' 등의 표현이다. 한국 의료계가 언제부터 이렇게 자연치료와 면역체계를 중요하게 여겼는지는 모르겠으나, 마음챙김 명상의 관점에서는 이제부터라도 그에 대한 관심이 높아지는 것이 그나마 다행이라는 생각이 든다.

면역(免疫)이 무엇인가. 전염병이나 질병에 걸리지 않게 한다는 뜻이다. 면역은 개인에게만 필요한 것이 아니다. 개인과 사회에 모두 필요하다. 이번에 코로나바이러스가 발생하고 전염되는 과정은 '사회적 면역력'의 한계를 뚜렷하게 보여주었다. 사회적 면역력은 사회가 갖추고 있는 방역과 의료 시스템의 수준에 따라 다를 수밖에 없다. 정보 소통을 원활하게 하는 언론의 자유도 무엇보다 중요하다.

사회적 면역력도 약하고 개인적 면역력도 약하면 치명적이다. 사회적 면역력을 나 혼자만의 힘으로 어떻게 할 수는 없다. 개인적 면역력은 내가 높일 수 있다. 내 습관을 고치는 것이 곧 면역력을 키우는 일이다. 손 씻기를 일상화하는 것도 그중 하나다. 개인과 개인이 모두 면역력이 높아지면 사회적 면역력도 향상될 것이다. 그런 점에서 면역력 키우기와 마음챙김 명상은 닮은 점이 있다.

명상을 중시하는 정신과의사 이시형은 면역의 임무가 병균 침입을 방어하는 것에만 국한되지 않는다고 했다. 면역의 역할은 그보다 훨씬 광범위하다. 면역은 피로나 병의 회복을 돕고 몸의 항상성을 유지함으로써 궁극적으로 건강을 지속하는 역할을 한다. '면역이 곧 생명력'이라고 했다. 면역이 떨어진 상태가 곧 죽음이다. 면역이 건강을 지키는 핵심 요소라는 얘기인데, 바로 그 면역에서 중요한 역할을 하는 것이 마음이다.

면역력을 떨어뜨리는 요인은 다양하겠지만 마음챙김 명상이 주목하는 것은 스트레스다. 스트레스로 인한 마음의 고통은 면역계에 부정적 영향을 미친다. 스트레스가 면역을 약화한다. 그런 점에서 스트레스를 조절하는 마음 관리는 결국 면역 관리의 출발점이 된다. 건강한 면역력을 형성하려면 건강한 마음을 가져야 한다는 것이다. 밝고 긍정적인 마음이 튼튼한 면역력을 만드는 원동력이다.

독일 출신의 명상가 에크하르트 톨레는 "누구나 마음속에 드넓고 고요한 공간을 가지고 있다"고 했다(에크하르트 톨레, 『고요함의 지혜』). 그 마음속 공간을 넓히는 일은 면역력을 높이는 것과 크게 다르지 않다. 나를 건강하게 하고 이 세상을 구하는 변화의 힘을 우리 내면의 공간에서 찾는 것이 명상이다. 지금 무슨 일을 하든 간에 잠시 그 일을 멈추고 숨을 천천히 들이마시면서 내 마음의 공간을 크게 넓혀보자.

위험의 세계화,
격리·고요함·인내로 극복

독일의 시사 주간지 〈슈피겔〉의 2020년 2월 첫째 주 특집이 눈길을 끌었다. 방독면을 쓰고 스마트폰을 보는 인물 사진 위에 이런 제목을 달아놓았다. '코로나바이러스 메이드 인 차이나(made in China)-세계화가 치명적인 위협이 될 때.'

신종 코로나바이러스 사태는 역설적으로 인간의 연결성을 새삼 다시 생각해보게 했다. 전 세계로 신속하게 퍼져가는 바이러스가 지구촌이라는 말을 또 다른 의미에서 실감나게 하는 것이다. 누구나 바이러스에 전염될 수 있다는 사실이 연결성의 확실한 증거 아닌가. 연결되어 있지 않다면 전염될 일도 없다.

자연 생태계와 경제 산업계의 분업구조만 그물망처럼 연결된 것은 아니다. 감염 경로를 추적하는 그림은 역설적으로 인간이 사회적 동물임을 입증한다. 하루에 한 사람이 만나고 접촉할 수 있는 범위가 얼마나 넓은지 모른다. 교통과 통신의 발달은 '바이러스의 세계화'도 빠른 속도로 이루어낸다. 세계화는 좋게 쓰일 수도 있고 나쁘게 쓰일 수도 있다. 마음챙김 명상은 '선한 영향력'의 세계화를 꿈꾼다.

〈슈피겔〉 기사가 결론처럼 제시한 마지막 문장은 마음챙김 명상을 닮은 것 같다. "역설적으로 보일지도 모르겠지만, 위험의 세계화를 구하기 위해 지금 이 순간 필요한 것은 자발적 격리, 고요함 그리고 인내심이다."

학교에서도 명상은
중요한 교육 방법이다

스트레스는 어른들만 받는 것이 아니다. 아이들과 청소년도 각
종 스트레스에 고통받는다. 스마트폰에 머리를 숙이고 있는 우
리 아이들이 잠시 고개를 들고 숨을 크게 내쉴 시간이 필요하다.

서울 응암초등학교 원의범 교사의 학급에는 매일 오전 9시 특별
한 노래가 약 10분간 울려 퍼진다. "영희가 행복하고 평안하고
건강하기를⋯." "철수가 행복하고 평안하고 건강하기를⋯." 이
교실에서 '행복송'으로 불리는 노래다. 행복송과 함께 그날 수업
을 시작한다.

영희와 철수의 이름 자리에는 23명 학생의 이름이 각각 돌아
가며 들어간다. 친구들의 이름을 함께 부르며 서로의 행복과 평

안과 건강을 기원해주는 것이다. 담임선생님을 위한 행복송도 빼놓지 않는다.

"서로 이름을 돌아가며 부르다 보면 아이들 표정이 달라지는 게 보여요. 자기 이름이 불릴 차례가 왔을 때 행복해하는 느낌이 표정에서 드러나죠."

원 교사의 교사 경력은 약 20년 되었다. 교사 생활을 시작하던 때와 비교하면 학생 수가 계속 줄어들고 있지만 그래서 편해진 것이 아니라 오히려 학생들을 지도하기가 점점 더 어려워지는 것을 느낀다. 그러던 차에 학생들과 행복송 부르기를 시작한 뒤 그 효과에 스스로 놀라고 있다.

어쩌다 바쁜 일이 있어 행복송을 빠뜨리는 날에는 아이들 사이에 다툼도 잦아지고 학급 분위기가 거칠어지는 느낌을 받는다. 행복송만 부르는 것이 아니라 아이들에게 들려줄 다양한 이야기, 특히 자기감정을 조절하는 방법에 대한 이야기를 준비하는 것이 이제는 별도 일과가 되었다.

원 교사는 2018년 초 한 학생이 너무 힘들어하는 것을 보면서 이를 시작하게 되었다. 그 학생은 수업 중 뛰쳐나가기도 하고 심지어 '죽고 싶다'는 말까지 했다. 이 문제를 어떻게 해결해야 할지 고민스러웠다.

학생들을 한 명씩 만나 개별상담을 진행하기도 했지만 그것만으로는 해결하기가 어려워 보였다. 이번에는 친하게 지내는 다른 선생님들과 상의를 거쳐 학급 전체에서 새로운 시도를 하게 되었는데, 그것이 바로 행복송이다.

원 교사는 한국명상지도자협회의 명상지도자 자격증을 가지고 있다. 그 자신이 명상을 일상적으로 하지만 학급 안에서는 명상의 '명'자도 언급하지 않는다. 종교적으로 불필요한 오해를 받을 우려가 있어서다. 명상이라는 용어 대신 '감정 나누기'라는 말을 사용하다가 자연스럽게 '행복송'이라는 말을 쓰게 되었다.

우리나라 학교 안으로도 명상이 조금씩 들어가고 있다. 하지만 아직 극히 일부의 현상이다. 학교 교육과 명상의 효과에 대한 연구는 꽤 많이 나오고 있지만 실제 교육 현장에서 널리 반영되지는 못하고 있다. 개인적으로 관심이 있는 교사에 국한되어 있을 뿐이다.

자기감정을
조절하는 방법

원 교사는 행복송을 시작하면서 그날그날 학생들에게 해줄 '행복해지는 방법'에 대한 이야기를 준비하는 일이 늘어났지만 그리 힘들지는 않다고 한다. 일과가 늘었어도 전보다 힘들지 않은 이유는 즐거워졌기 때문이다. 학생들이 변하는 모습을 보면 오히려 기쁘다. 행복송은 아이들만 변화시키는 것이 아니다. 행복송을 리드하는 원 교사 자신이 먼저 긍정적으로 변하고 있음을 느낀다.

원 교사는 "학급과 학생들의 문제를 풀기 위해 시작한 행복송이 나 자신부터 살려내는 듯하다. 일이 좀 늘었어도 아이들이 행복해하는 모습을 보면 보람을 느낀다. 부모에게 꾸중을 듣고 온 아이들도 행복송을 부르며 화를 누그러뜨리는 것 같다. 아이들이 자존감을 갖게 하는 일이 중요하다. 좀더 연구해서 체계적으로 해보고 싶다"고 밝혔다.

스트레스는 어른들만 받는 것이 아니다. 아이들과 청소년도 각종 스트레스에 고통받는다. 스마트폰에 머리를 숙이고 있는 우리 아이들이 잠시 고개를 들고 숨을 크게 내쉴 시간이 필요하다. 행복송이 응암초등학교 한 학급에서 그치지 않고 전국의 초중고등학교 교실에서 울려 퍼질 수는 없을까.

가족과 학교, 또래 집단 등 인간관계에서 아이들도 고통과 스트레스를 받는다. 입시 위주의 교육과 과도한 경쟁, 부모의 압박, 친구와의 갈등, 학교 폭력, 따돌림(왕따), 인터넷 중독 등이 아이들의 정서 환경을 위협하는 요인으로 꼽힌다.

곳곳에서 분노조절 장애를 보이는 이들을 발견하게 되는데, 아이들도 예외가 아니다. 손만 갖다 대면 즉각 화면이 바뀌는 스마트폰에 익숙한 아이들은 오프라인 세상의 느린 속도에 짜증과 화를 내기 쉽다. 디지털 시대의 부작용이다. 스마트폰에 고개를 박고 있는 우리 아이들이 자기감정을 조절하는 법을 배우고 푸른 하늘을 잠시라도 보며 호흡하게 하자.

그림책 명상,
아이들 감정 교육에 유용하다

서울 상암동 서울산업진흥원 건물 내 '그림 비즈'는 소형 사무실이나 회의실을 임대하는 곳이다. 이 공간에서 격주 수요일 오후 6시에 색다른 모임이 열린다. '그림책으로 대화하기(이하 '그대')'다. 교원학습공동체 모임인데 마포구 초등학교 교사들이 주제별로 그림책을 함께 읽으며 삶을 이야기하고 경험을 나누며 더 나은 교육을 꿈꾸고 있다.

2018년 9월 19일, 추석 연휴 직전이었는데도 오후 6시가 되자

'그대' 멤버들이 하나둘 모여들었다. 어린이용 명상 그림책이 그리 많이 출간된 것은 아니지만 이날 함께 읽은 그림책의 공통점은 '명상'을 다뤘다는 것이다. 테이블에 올라온 책들은 『천천히 걷다 보면』 『화가 났어요』 『어린이 명상』 『비밀의 방』 등이다.

『천천히 걷다 보면』은 어린이들의 화해와 우정을 그린 그림책으로 일종의 '걷기 명상'을 아이들 버전으로 체험해볼 수 있게 한다. 『화가 났어요』는 자기가 원하는 일이 이루어지지 않았을 때 화를 조절하지 못하는 아이들에게 읽어주면 좋은 그림책이지만 어른들에게도 좋은 책이다. 자기 자신의 화와 대화를 나누고 지혜롭게 조절하는 법을 배우는 과정을 아이들 눈높이에서 보여준다. 이런 책들로 어떻게 교실에서 명상 교육을 할 수 있을까.

리더 격인 임경희 교사는 '그대'에서 토론된 내용을 학급에서 적용해봤다. 『천천히 걷다 보면』 『화가 났어요』를 읽어주고 나서 천천히 운동장을 걸어보라고 했다. 일종의 '걷기 명상'을 시도해본 것이다. 시키지도 않았는데 한 아이가 시를 써와서 다른 아이들에게도 시를 쓰자고 권했다. 시에 드러난 아이들의 느낌과 생각은 깊고도 싱싱하고도 다양했다.

아이들은 처음 해본 '걷기 명상'에 대한 저마다의 신기함을 표현했지만 그중에는 명상의 핵심을 꿰뚫어본 소감도 있었다. 예컨대 한 학생은 시에 이렇게 표현했다. "천천히 걷다 보면 관찰력이 좋아지고 / 관찰력이 좋아지면 못 볼 것을 볼 수 있네 // 천천히 걷다 보면 안정이 찾아오고 / 안정이 찾아오면 나쁜 생각은 없어져버리네."

'죽음 교육' 전문가이기도 한 임 교사는 "요즘 아이들은 어른 못지않게 바쁘고 무언가에 쫓기며 산다. 게다가 자신의 부정적 감정이 어디서 시작되었고, 그것을 어떻게 다스려야 하는지 잘 모른다. 『화가 났어요』를 읽어주고 이야기를 나눈 후 화도 사랑하고 보듬어줘야 할 나 자신의 일부라는 걸 깨닫게 되었다는 아이들, 화가 날 때는 무조건 억누르는 것보다 화와 대화를 해보고 싶다는 아이들이 사랑스럽고 대견해 보였다"고 말했다.

'학교 명상'은 우리 교육 현장에서 아직 먼 얘기처럼 들리지만 다양한 길을 내는 교사들도 있다. 자신의 학급에서 매일 수업 시작 전 '행복송' 부르기를 하는 원의범 교사나 임경희 교사가 이끄는 그림책 모임 '그대' 같은 경우인데 우리 교육환경에서는 보기 드문 경우다. 학교 명상의 필요성을 주장하는 이들은 적지 않지만 미국이나 유럽의 선진국에서처럼 학교 내 커리큘럼으로 본격 활용되지는 않고 있다.

외국의 학교 명상,
'숨 쉬는 방' 찾는 학생들

> 이런 추세로 간다면 미국과 영국을 비롯한 서구 선진국에서 '학교 명상'은 더욱 활발하게 확산될 것으로 전망된다. 그들은 왜 학교 교육에 명상이 필요하고 또 효과가 있다고 볼까?

미국과 영국 등 서구 선진국에서는 10여 년 전부터 학교의 커리큘럼으로 마음챙김 명상이 적극 활용되고 있다. 2018년 1월 미국의 온라인 매체인 허핑턴 포스트 보도에 따르면, 미국에서 '학교 명상'이 새로운 교육 대안으로 부각되며 확산되고 있다.

예를 들어 볼티모어, 메릴랜드의 학교에서는 문제를 일으킨 학생에게 벌을 줄 때 일종의 '명상 공간(Mindful Moment Room)'을 활용한다. 명상 룸에 들어간 학생은 교사 지시에 따라 조용히 앉아 눈을 감고 호흡을 가다듬는다. 1년 전부터 실시되었는데, 문제 학생만이 아니라 일반 학생들의 집중력 기르기에도 널리 적용하고 있다.

샌프란시스코에 있는 마리나중학교에는 '숨 쉬는 방(Room To Breathe)'이라는 특별한 공간이 있다. '숨 쉬는 방'은 이 학교에서 실시하는 명상 프로그램 이름이기도 하다. 학업 성취도가 떨어지는 학생들이 이 방에서 마음의 평안을 얻고 자기 내면을 바라보는 훈련을 한다.

같은 제목의 다큐멘터리도 2012년에 제작되었다. 다큐 제작자 러셀 롱은 명상 교육을 도입하기 이전의 혼란스러운 교실 모습을 먼저 보여준다. 끊임없이 사소한 일로 다투고, 시끄럽게 떠들며, 물건을 집어 던지고, 수업 중 걸어 다니는가 하면, 심지어 교실을 나가는 아이도 나온다. 이 같은 장면이 미국의 학급에만 있을까? 오늘날 우리의 교실과 학생들의 실상과도 그리 멀어 보이지 않는다.

다큐에는 '마인드풀 스쿨스(Mindful Schools)' 출신 명상 전문가 메간 코원이라는 여성이 등장해 학생들의 감정교육을 이끌어간다. '마인드풀 스쿨스'는 미국 샌프란시스코에 있는 비영리 명상 교육단체다. 메간은 2007년 설립된 이 '마인드풀 스쿨스'의 공동 창업자이기도 하다. 그는 '마음챙김 명상은 행복과 의미 있는 삶을 위한 과학'이라고 말한다.

이곳에서 교육을 받은 교사들이 현재 미국과 유럽의 학교 명상을 이끌어가고 있다. '마인드풀 스쿨스'는 세계 100여 개 나라에서 활용되고 있고 지금까지 학생 200만 명 이상이 이 프로그램으로 교육을 받았다(2018년 8월 기준). 교육과정은 대개 6주에서 8주간의 온라인 코스로 진행된다. 커리큘럼은 '마음챙김 명상 기초' '마인드풀 교육자 필수과목' '마음챙김 소통' '다루기 어려운 감정들' '마음챙김 교사 인증 프로그램' 등으로 구성되어 있다.

정치권의 뒷받침도 있다. 오하이오주 민주당 하원의원 팀 라이언이 대표적이다. 그는 마음챙김 명상을 학교 교육과 주민들의 건강관리 시스템에 도입하는 데 앞장서고 있다. 선거를 치르며 스트레스를 받아 지칠 대로 지친 라이언이 2008년 카밧진 박사가 이끄는 마음챙김 명상캠프에 참석한 것이 계기였다.

두 개씩 가지고 다니던 휴대전화를 잠시 끄고 명상 효과를 체험한 라이언은 2012년 『마음챙김에 기반한 국가론(A Mindful Nation)』이라는 책까지 출간했다. 그의 지역구에 위치한 학교에서 마음챙김 명상을 가르치기 위해 연방정부 보조금 100만 달러를 이끌어내기도 했다.

학교 교육에
명상이 효과적

미국에 '마인드풀 스쿨스'가 있다면 영국에는 '학교 명상 프로젝트(MiSP ; Mindfulness in School Project)'가 있다. MiSP는 2009년 설립된 비영리단체로, 미국의 '마인드풀 스쿨스'와 마찬가지로 명상 교사 양성에 주력한다.

'MiSP'의 공동 창립자 리처드 버넷은 영국에서 마음챙김 명상을 커리큘럼에 처음 도입한 톤브리지학교의 교사이기도 하다. 그는 2013년 테드 강연에서 마음챙김 명상을 교실에 도입할 필요성을 강조한 바 있다.

그에 따르면 1천 개 이상의 학교가 'MiSP'와 네트워크로 연결되어 있다. 교사와 교육자 4,500명 이상이 훈련을 받았으며, 학생 40만 명 이상이 'MiSP' 프로그램으로 교육을 받았다. 앞으로 5년 안에 학생 100만 명 이상에게 마음챙김 명상을 교육한다는 계획도 잡아놓았다.

미국의 '마인드풀 스쿨스'나 영국의 'MiSP'를 예로 들었지만 이들이 활발하게 활동해서 그렇지 이밖에도 수많은 비영리 명상교육 단체가 있다. 뉴욕에 있는 '스틸 콰이어트 플레이스(Still Quiet Place)', 호주에서 활동하는 '스마일 마인드(Smiling Mind)' 등도 비교적 알려진 학교 명상 플랫폼이다. 미국에서는 학교 명상이 개별 주나 학교별로 실시되는데, 영국에서는 국가 차원에서 교과과정에 명상을 넣자는 움직임도 전개되고 있다.

이런 추세로 간다면 미국과 영국을 비롯한 서구 선진국에서 '학교 명상'은 더욱더 활발하게 확산될 것으로 전망된다. 그들은 왜 학교 교육에 명상이 필요하고 효과가 있다고 볼까? 그 배경과 이유를 우리나라 교육 관계자들도 곰곰이 되새겨봤으면 한다.

학교 명상에서는 교사들의 역할이 중요할 수밖에 없다. '마인드풀 스쿨스' 같은 영미권의 학교 명상 프로그램이 성공적으로 진행된 배경에도 교사들의 적극적인 참여가 있었다. 교사라는 직업 자체가 정서 소진이 일어나기 쉬운 직종이다. 교사들이 먼저 명상의 효과를 체험해보고 그 필요성을 알아차리면 아이들에게도 마음챙김 명상이 필요하다는 공감대를 형성하기가 쉬울 것이다.

하지만 교사가 학교 명상을 도입하려고 해도 학부모들의 반대가 심하면 불가능하다. 지식 교육 못지않게 '감정 교육'도 중요하다는 인식의 전환이 학교 관계자와 학부모 모두에게 필요한 시점이다.

동백꽃은
누가 피우나

"쟨 좀 박복하잖아." 사람들의 편견은 가혹하다. 편견이라는 감옥에 갇힌 여자의 이름은 동백이다. 동백은 인기 드라마 〈동백꽃 필 무렵〉의 주인공이다. 드라마가 방송되는 동안 많은 사람이 동백을 따라 울고 웃었다. 이 드라마가 시청률 20퍼센트가 넘는 고공행진을 계속한 비결이 뭘까.

동백은 세속적 성공 기준으로 보면 대단한 인물이 아니다. 고아에다 30대 중반의 미혼모로 술집을 운영한다. 동백꽃은 저절로 피지 않는다. 우직한 연하남 용식의 투박해 보이는 '돌직구 사랑'이 동백꽃을 피운다.

"남 탓 안 하고 아이 잘 키우면서 치사하게 안 살고… 남들보다 착하고 착실하게 그렇게 살아내는 거 다들 우러러보고 박수 쳐야 하는 거 아닌가요?"

용식의 대사에 동백은 눈물을 보이고 만다. '태어나서 처음으로 칭찬을 받았다'는 독백과 함께.

소설이 그렇듯이 드라마도 허구다. 소설, 영화, 드라마가 가공의 예술인 것은 작가도 알고 관객도 안다. 가공이란 허구, 즉 가짜라는 얘기다. 그렇지만 완전한 가짜는 아니다. 현실의 어디에선가 본 것 같고 있을 법한 이야기를 그럴듯하게 꾸며내는 것이 작가의 능력이다. 그걸 믿고 관객은 작품이 허구인 줄 알면서도 기꺼이 시간과 금전을 들여 그 속에 들어간다. 마치 실제 벌어지는 일인 것처럼 느끼며 자신의 희로애락을 등장인물과 공유하는 것이다.

어떤 드라마가 인기를 끄는 데는 현실의 세태도 그 배경으로 한몫하는 것 같다. 드라마가 하나의 작은 세트라면, 현실은 그보다 훨씬 더 큰 세트장이라 할 수도 있다. 일종의 극 중 극이라고나 할까.

어쩌면 가짜가 넘치는 현실에서 진짜를 보고 싶은 소망이 높은 시청률에 반영되어 있는지도 모른다. 현실에서 좀처럼 만나기 힘든 캐릭터와 만남, 그 소망을 작품에서나마 간접적으로 경험해 보고 싶은 것이다.

자기 생일조차 모르는 동백에게 용식은 이렇게 말한다.

"생일 모르면요, 맨날 생일로 하면 돼요. 제가 그렇게 만들어드릴게요. 동백 씨의 34년은요, 충분히 훌륭합니다."

말은 사람을 죽이기도 하지만 살리기도 한다. 당신이 지금 여기에 있다는 단순한 사실만으로 충분하다는, 그 따뜻한 말 한마디가 사람을 살린다. 사람은 밥으로만 사는 것이 아니다. 사랑과 칭찬은 또 하나의 밥이다. 우리 사회에는 그 밥이 부족한 것 같다.

험악한 말, 비열한 말, 공격적인 말이 우리 주변에 넘쳐난다. 가족 안에도 있고, 작은 집단에서도 발견된다. 사회적으로 널리 퍼져 있는 분위기다. 누구든 걸리면 죽는다는 살벌함까지 느껴진다. 거짓말도 많이 하는 것 같다. 이런 일은 우리 사회에도 난무하지만 미국에서도 마찬가지다.

미 국무부 부차관보 자리까지 올라간 한인 출신 여성은 〈타임〉 표지 모델을 '가짜 스펙'으로 꾸며냈다고 한다. 그 발상과 추진력만큼은 놀랍다. 너무 극적이라 마치 한 편의 드라마를 보는 듯하다.

드라마 같은 일이 현실에서 벌어질 때 우리는 '그거 참 극적이 네'라고 하지 않나. 진짜와 가짜의 경계가 모호해지기까지 한다. 누가 진짜이고 어디까지가 가짜일까.

관객이 작품에 너무 깊이 빠져들면 작품 안과 밖을 구분하기 어려워질 수도 있다. 그러다 혹시 가짜를 놓고 진짜라고 관객들 끼리 다투는 우스꽝스러운 일이 벌어질 수도 있지 않을까. 이런 걸 대비해 작가가 적절하게 작품 어디엔가 허구를 눈치챌 수 있 는 장치를 배치해주면 좋겠는데 그것까지 기대하긴 어려울 것 같다. 그런 배려는 자칫 흥행을 떨어뜨릴 수 있기에 수익을 고려 해야 하는 흥행사의 관심에서 배제될 것이다.

그렇다면 관객이 자구책을 마련해야 할 것이다. 작품을 충분히 즐기면서 일상의 현실로 무사히 돌아오는 방법은 무엇일까. 각자 마음속에 동백꽃 한 송이를 피워보는 것은 어떨까.

고통이 곧
의미입니다

혈압과 당뇨가 평생 그를 괴롭혔다. 10년 전부터는 '중증 근무력증'에 시달렸다. 희귀한 면역 질병이다. 이 난치병에 지지 않고 병과 함께 잘 살아가는 방법을 그는 찾고 있다.

아픔과 고통이 없다면 명상이 필요 없을지도 모른다. 인생은 고해라고도 하는데, 고통의 바다를 건너가는 삶의 기술을 명상을 통해 배우게 된다. 우리 사회에 명상이 활성화되는 데 많은 역할을 한 장현갑[*] 한국명상학회 명예회장(영남대학교 명예교수)의 개인사에서도 그런 점을 확인할 수 있다.

---

* 한국의 명상 대중화에 크게 기여한 장현갑 교수는 2020년 4월 3일 타계했습니다. 고인의 명복을 빕니다.

그는 스물일곱 살에 서울대학교 심리학과 교수(뇌과학 전공)가 되었고, 서른여덟 살 때 영남대학교 심리학과 창립 주역으로 스카우트되어 명상과 심리학을 접목한 연구의 거점으로 육성했다.

특히 '격리 성장(social isolation)'을 주제로 해외 학술저널에 발표한 논문 30편 등이 심리학·의학을 연계한 중요한 연구로 인정받으며 마르퀴즈 후즈후(Marquis Who's Who)를 비롯한 세계 3대 인명사전에 등재되기도 했다. 보기에 따라서는 남부러울 것 없는 인생이었다.

하지만 한꺼풀 겉모양을 들춰내면 아픔과 고통의 연속이었다. 모든 아픔의 순간을 다 명상으로 극복한 것은 아니지만 어느 순간 뚜렷하게 명상의 효과와 의미를 자각하기 시작했다. 2017년 출간한 『심리학자의 인생 실험실』에서 그는 인생의 굴곡에서 만난 명상이 어떻게 자기 삶에 영향을 미쳤는지 털어놓았다.

"사람은 살면서 한 번은 생의 결정적 위기, 결정적 장면을 만나게 된다"고, 그는 담담하게 말했다. 결정적 위기는 인생의 절정에 찾아오는 걸까? 쉰여섯 살이던 1997년 안식년을 맞아 미국 애리조나대학에 방문교수로 가 있을 때였다. 변화는 순식간에 다가왔다.

그해 여름방학을 맞아 당시 효성여대 심리학과 교수로 있던 아내와 함께 딸·아들이 미국으로 건너왔다. 온 가족이 함께 제자가 운전하는 차를 타고 여행을 떠났다가 그만 트럭과 충돌하고 말았다. 그리고 아내와 딸을 그 자리에서 잃었다. 당시 미국 신문에 보도될 정도로 큰 교통사고였다. 그 자신도 두 다리와 발등이 으스러지는 중상을 입고 4개월 동안 입원해야 했고, 아들도 큰 부상을 당했지만 다행히 살아남았다.

사고가 나기 직전까지 모든 것이 평화로웠다. 모든 것이 달라진 것은 '찰나'였다. 꿈과 삶이 무너져 내렸다. 하늘이 무너지고 가슴이 찢어지는, 절망이라는 말로도 부족했다. 그래도 산 사람은 산다. 가장 고통스러울 때 명상은 힘이 되었다.

사고 나기 전부터 연구 중심에 명상이 있었지만 사고 이후 그 의미가 더 각별해졌다. 같은 책이라도 한 구절 한 구절이 다르게 다가왔다. 하버드대학교 심신의학연구소 공동소장을 지낸 조앤 보리센코의 책 『마음이 지닌 치유의 힘』의 경우 병상에서 의식을 회복하면서부터 읽어 많은 위안을 받아 우리말로 번역했다.

명상이 불러온
삶의 기적들

재활에 성공한 그가 지인과 학생들에게 즐겨 전하는 충고이자 고백은 이런 것이다. "고통이 곧 의미입니다." 제2차 세계대전

당시 유대인 수용소에 억류되어 겪은 아픈 경험을 기록한 『죽음의 수용소에서(Man's Search for Meaning)』의 저자 빅터 프랭클이 강조한 말인데 그에게 더 큰 울림으로 다가왔다. '고통 속에서 발견한 의미'야말로 인간의 삶을 더 값지고 알차게 해준다는 뜻이었다.

다시 살아난 장 교수는 자기 고통을 치유하는 동시에 이웃에게도 자신이 체험한 고통 치유 방법을 알려주는 일에 매진했다. 한시도 헛되이 보내지 않으려고 했다는 그는 이렇게 말한다. "사랑하는 사람을 잃었지만 진심으로 사랑할 수 있는 마음을 얻었습니다."

1990년대 초반 미국의 의학과 심리학계에는 허버트 벤슨 박사의 '이완반응 명상'과 존 카밧진 박사의 '마음챙김 명상'이 이미 심리치료 현장에 도입되어 있었다. 장 교수는 그런 흐름을 누구보다 먼저 이해해 국내에 소개했다. 카밧진의 대표작 『마음챙김 명상과 자기치유』를 번역 출간하며 우리 사회에 마음챙김 명상이 활성화하는 토대를 마련했다.

어려서부터 그는 '약골'이었다. 공부만 잘했지 그밖에 잘하는 것이 별로 없었다. 혈압과 당뇨는 평생 그를 괴롭혔다. 10년 전부터는 '중증 근무력증'에 시달린다. 희귀한 면역 질병이다. 이 난치병에 지지 않고 병과 함께 잘 살아가는 방법을 그는 찾고 있다.

지금도 하루에 스테로이드 5밀리그램을 복용하지만 규칙적인 생활과 운동 그리고 명상으로 그 부작용을 해소하고 있다.

기상 시간은 새벽 3시 30분. 몸 뻗기를 하거나 몸을 주물러주고 간단한 운동과 샤워, 명상을 하며 하루를 시작한다. 1990년대에는 국선도를 배우기도 했지만, 요즘 주로 하는 운동은 걷기다. 하루 10킬로미터 정도는 걸으려고 한다. 실내자전거도 40분 정도 타고, 텔레비전을 볼 때는 제자리뛰기를 한다. 이 모든 활동의 중심에 명상이 있다.

장현갑식 '명상 행복'은 그렇게 어렵지 않아 보인다. 충분한 수면과 건강한 식습관, 규칙적인 운동과 즐거운 마음가짐이 행복으로 가는 지름길이다. 특히 명상은 즐거운 마음가짐을 지속하게 하는 훈련이다.

"명상은 의무나 강요로 하는 것이 아닙니다. 자기가 필요해서 하는 거죠. 명상까지 경쟁적으로 잘하려고 할 필요는 없어요." 명상은 저마다 다른 사정과 신체적·상황적 특성에 맞춰 자연스럽게 하면 된다. 누가 더 오래 앉아 명상을 하는가, 명상하는 동안 누가 흥미로운 경험을 더 많이 하는가 등의 경쟁적 사고는 전혀 도움이 안 된다는 얘기다.

명상이
꼭 필요한 네 곳

행복은 우리 모두가 바라는 이상이지만 모든 것을 움켜쥐려고 해서 얻어지는 것이 아니다. 때로는 가던 길을 멈추고 쥐고 있던 손을 펴는 일이 필요하다. 하던 일을 멈추는 것이 명상의 출발점이다.

장현갑 회장은 명상이 누구에게나 도움이 되지만 특히 필요한 데가 네 곳 있다고 한다.

첫 번째는 의료 분야다. 스트레스에 시달리는 만성질환 환자와 그 가족에게 명상이 필요하다. 만성질환은 몸뿐 아니라 마음까지 지치게 만들기 때문이다. 몸과 마음은 연결되어 있어서 마음이 건강해지면 몸도 건강해진다고 본다. 미국에서는 만성 질병 환자 치료에 'MBSR 명상'을 도입하는 의료기관이 2015년 기준 900여 곳에 이른다는 통계도 있다.

명상이 필요하다고 두 번째로 꼽은 곳은 학교다. 충동과 욕망을 억제하지 못하는 청소년이 심할 경우 주의력결핍과잉행동장애(ADHD)를 보이기도 한다. 명상은 청소년의 넘치는 에너지를 생산적인 방향으로 돌리는 데 도움을 준다. 미국이나 영국 등 선진국에서 명상은 이미 학교 속으로 깊숙이 들어와 있다. 한 예로 샌프란시스코에 위치한 비영리 명상교육단체 '마인드풀 스쿨스'에서 배출된 교사들에게 명상 교육을 받은 학생만 해도 200만 명에 이른다.

세 번째는 일터다. 직장 스트레스 또는 일자리가 없어 겪는 스트레스를 극복하는 데도 명상이 도움을 줄 수 있다. 스트레스는 강도가 너무 높으면 문제가 되지만 너무 낮아도 문제가 된다. 스트레스를 적절하게 조절해 생산성과 효율성을 높이는 데 명상이 활용된다. 구글, 애플 등 미국 서부 실리콘밸리의 세계적 기업들이 이미 명상을 사내 주요 활동으로 활용하고 있다.

네 번째로 고려해야 할 부분은 은퇴자나 노인들이다. 고령화 사회가 진행되면서 삶의 의미를 찾지 못해 힘들어하는 고령자들에게도 명상이 필요하다. 여생을 보람 있게 보내는 데 명상이 동반자가 될 것이다. 지자체의 사회복지 프로그램으로 명상이 많이 활용되었으면 한다.

야구선수 박찬호,
명상으로 인생 메이저리그 노린다

'코리안 특급' 메이저리거 박찬호는 천천히 눈을 감았다. 은퇴 이후 명상은 이제 그의 일상이 되었고 '박찬호만의 명상'도 하나 만들었다. '미안해, 고마워, 사랑해 명상'이다.

"호흡을 길게 하면서 천천히 집중하면 관중석에서 누가 야유를 해도 그 소리가 안 들립니다. 안 듣는 게 아니라 안 들리는 겁니다. 집중력이 생기는 거죠."

'코리안 특급' 메이저리거 박찬호는 천천히 눈을 감았다. 야구장에서가 아니다. 그가 종종 명상을 하러 가는 곳이다. 그는 고요히 숨을 들이마셨다가 다시 내쉬었다. 그도 어느덧 불혹을 훌쩍넘겼다. 은퇴 이후 그에겐 또 하나의 별명이 붙어 다닌다. 바로 명상가다. 그에게는 마음의 움직임을 관찰하는 일이 일상이 되었다. 명상의 효과를 사람들에게 전하고 권장하는 대중강연도 한다.

"모든 사람이 다 상처와 고통의 시간을 겪고 있습니다. 명상은 뇌를 쉬는 시간이고 일상생활의 양식이라고 생각합니다."

그의 명상 이력은 1998년 무렵으로 거슬러 올라간다. 공주고를 졸업하고 1992년 한양대학교에 진학한 박찬호는 2학년까지 다니다 1994년 LA 다저스 구단에 한국인 최초의 메이저리거로 정식 입단했다. 1997년부터 선발로 등판해 좋은 성적을 거두었지만 1998년 무렵부터 남모를 허리통증으로 고생했다. IMF 금융위기를 맞아 고국의 팬들이 그의 투구를 보며 위안을 삼던 시절이다. 야구 인생의 절정을 향해 상승하던 그에게 닥친 위기였다.

그라운드에서는 매일매일 공 하나에 이기고 지는 승부가 갈린다. 그런데 마운드에 올라 포수의 미트에 집중해야 할 때 통증이 온다면 정신이 분산되어 좋은 투구를 할 수 없다. 게임 도중에 주저앉을 때도 있었다.

로스앤젤레스에서 한의사를 소개받아 침을 맞으러 갔을 때 그에게 뜻밖의 제안을 받는다. 참선을 해보라는 것이었다. 불교 신자였던 한의사는 통증의 주요 원인이 스트레스라고 했다. 그가 처음 접한 것은 불교 참선이었다. 처음에는 '절 체조'를 많이 했다.

"108배를 먼저 한 뒤 명상에 들어가고 그랬어요. 절 체조를 하고 나면 몸에서 기운이 돌기 때문에 명상에 들어갈 때 기운이 강렬하게 느껴지죠."

그는 명상으로 몸과 마음의 힐링을 체험했고 성적도 향상되었다. 2000년 무렵부터 명상을 생활화하면서 2000~2001년 시즌에 에이스급으로 활약했다. 전성기를 누리는 가운데 2002년 FA자격을 획득하며 텍사스 레인저스로 이적했다. 명상은 눈에 보이는 승률 이상이었다. "아프고 안 아프고보다 더 중요한 것을 알게 되었습니다. 내가 겪고 있는 상황을 이해하고 한두 발 물러서서 생각하는 능력을 키웠다고 할까요."

그가 메이저리그에서 만난 다른 선수들은 어땠을까. 박찬호 눈에는 그들도 나름대로 집중력을 높이는 방법을 저마다 구사했다. 어떤 선수는 호흡을 길게 가다듬고, 어떤 선수는 일부러 다른 곳을 쳐다보았다. 어떤 선수는 잔디 위를 뒤지면서 개미를 찾기도 했다. 명상이라는 말을 쓰지 않았을 뿐 명상으로 얻고자 하는 것을 각자 효과적인 방법으로 찾아나간 것이다. "답답하면 후우 하고 한숨을 내쉬잖아요. 그게 잠시 명상일 수도 있어요."

현역 시절에는 자기 전이나 아침에 일어나서 규칙적으로 명상을 했고, 요즘은 시도 때도 없이 명상을 한다. 박찬호에게 명상이란 무엇인가. 간략한 답변을 요구하자 이렇게 대답했다. "뇌를 쉬는 시간입니다. 부정적인 생각이 들 때마다 잠시 머리를 쉬는 거죠."

운동선수와 명상이 언뜻 이질적인 것 같지만, 조용조용 명상을 설명하는 박찬호에게 잘 어울려 보였다. 메이저리그 개인통산 124승, 아시아 투수 최고 성적을 올린 메이저리거는 이제 야구를 넘어 '인생의 메이저리거'를 꿈꾸는 것 같다.

"언젠가 일본 선수 누군가가 125승을 하면 한국 사람들은 실망할 수도 있어요. 그런 것은 정말 아무것도 아니라는 생각이 들어요. 한국 선수가 메이저리그에 처음 진출해서 124승 기록을 세우기까지 그 과정에 많은 일이 있었습니다. 다저스에서의 화려함도 있었지만 텍사스에서의 어둡고 암울한 시간도 있었는데, 오히려 사람들과 진정성 있는 소통을 할 수 있는 것은 암흑 속에서 극복한 정신과 경험 덕분입니다. 다저스에서의 화려함은 언젠가 더 화려한 것 속에서 잊혀가겠죠."

박찬호식 명상
'미안해, 고마워, 사랑해'

박찬호 선수와 명상에 관해서는 나도 오래전 '작은 인연'이 있다. 2003년 어느 날 〈중앙일보〉에서 야구전문기자로 이름을 날리던 이태일(전 NC 다이노스 대표) 씨가 내게 찾아와 이렇게 말했다.

"박찬호 선수가 요즘 마음공부 명상에 관심이 많은 것 같아. 미국 출장 가는데 그에게 소개해줄 만한 책 좀 없을까?"

그때 나는 숭산 스님의 책을 권하면서 이렇게 생각했다. '최고 수준에 오른 강한 체력의 메이저리거가 명상을 한다니… 너무 나약한 것 아닌가.' 명상의 마음공부가 결코 나약한 것이 아니라 진정 강한 자만이 할 수 있는, 아니 강함과 약함의 이분법 경계를 뛰어넘는 자만이 할 수 있는 수행임을 어렴풋하게라도 느끼게 된 것은 그로부터 시간이 꽤 흐른 뒤였다.

은퇴 이후 명상은 이제 그의 일상이 되었고, '박찬호만의 명상'도 하나 만들었다. '미안해, 고마워, 사랑해 명상'이다.

"제가 상당히 힘든 적이 있었어요. 너무 아프니까. 여기저기 매일 파스를 붙여야 하고. 내 몸한테 미안하다고 그랬어요. '미안해' 한 번 하고 호흡을 길게 하고. 그렇게 하다가 나중에는 고맙다는 생각이 들더라고요. 그래서 '고마워' 하고 호흡 한 번 하고 그럽니다. 지금까지 내 생각을 100퍼센트 따라준 것은 내 몸밖에 없다는 생각을 하니까 내 몸이 정말 고맙고 사랑스러웠어요. 그래서 '사랑해' 하고 호흡 한 번 하고 그러지요."

박찬호 선수는 2년 전 남해 바닷가 소나무 울창한 숲에서 사람들에게 이런 이야기를 하는데 어떤 젊은 여성이 막 우는 모습을 보고 깨달은 바가 있었다고 한다.

"여기 온 분들이 박찬호 보러 온 것이 아니라 자기 자신을 힐링하러 온 것이구나. 모든 사람이 상처를 받고 고통을 겪는구나. 어떤 사람은 그걸 가볍게 생각하고, 어떤 사람은 깊게 생각하는구나⋯. 명상을 통해 그게 뭔지를 알면, 그런 고통스러운 상황이 또 올 때 그걸 가볍게 생각하고 이해할 수 있는 노하우가 생기거든요. 생각의 차이인데, 그 생각의 차이 하나가 아주 큰 에너지를 만들어요. 그래서 자기 몸과 마음을 힐링하고, 자기가 알게 된 어떤 성장이나 통찰력의 이로움을 다른 사람에게 전달할 수 있게 됩니다. 에너지의 패싱이라고 하죠."

취미가 명상인
어느 래퍼 이야기

2017년까지만 해도 명상과 관련해 유명한 인물은 메이저리거 박찬호, 탤런트 고소영 등이었다. 미국인으로는 애플의 스티브 잡스와 방송인 오프라 윈프리 등이 주로 거명되었다. 2018년 들어 뉴 페이스가 등장했다. 2018년 Mnet에 출연할 당시 만 열여덟 살이었던 '명상 래퍼' 김하온이다.

  Mnet에서 진행한 '고등래퍼 2' 우승을 일궈내는 과정은 한편의 '명상 드라마' 같았다. 명상이라는 말 자체를 김하온을 통해 처음 접한 학생들도 많을 것이다. 명상도 랩으로 하는 시대다. 아니, 랩에도 명상이 들어가니 뭔가 달라진다. 이는 '명상 대중화'의 한 징표로 읽힌다. 그만큼 신뢰도가 높아졌다는 의미도 된다.

'고등래퍼 2'에서 1등을 한 후 김하온 입에서 나온 말은 이랬다. "그냥 저는 저답게 랩을 했을 뿐입니다." 나답다는 것, 그렇게 살기가 얼마나 힘든가. 그는 취미가 명상이라고 공개적으로 밝혔다. 명상이 나이를 뛰어넘는 성숙함의 비결일까.

우리가 학교에서 배우는 국어·영어·수학·역사·생물 등은 세상을 살아가는 데 나름대로 유용한 지식이 담겨 있다. 또 인터넷에는 헤아릴 수 없을 정도로 많은 지식과 정보가 넘쳐난다. 그러나 우리가 인생을 살아가면서 중요한 줄 알면서도 잘 알려고도, 가르치려고도 하지 않는 것이 있다. 자기 마음을 다스리고 감정을 조절하는 법이 그것이다.

김하온의 랩에 눈길을 끄는 명사가 나온다. 'meditation(명상)'이란 단어다. 김하온은 고1 때 학교를 중퇴한 뒤 정신적 스트레스를 명상으로 치유한 것 같다. 파이널 무대를 앞두고 김하온이 한 말이 인상적이다. 1년 전 '고등래퍼 1'에 참가했다가 떨어진 후 충격을 받았다는 김하온에게 친구가 "제일 노력한 게 뭐야?"라고 묻자 그는 이렇게 답했다.

"공부 아닌 공부를 하면서 'No pain, no gain'이라는 말이 하나의 프레임이란 걸 깨달았지. 고통 없이는 얻는 게 없다는 말이 너무 잔인하지 않니? 그래서 그 프레임에서 벗어나려고 했어. 최대한 즐긴 것 같아. 그게 제일 노력한 것이야. 웃으면서, 즐기면서, 긍정적으로."

명상은 긍정적이고 밝은 에너지를 선물로 준다. 비관·우울·증오·분노는 우리 마음을 녹슬게 한다. 김하온은 랩을 하며 그런 부정적인 생각을 훨훨 날려버린다. 웃으면서, 즐기면서, 긍정적으로. 명상은 녹슨 마음을 닦아내는 일이다. '공부 아닌 공부'의 역설이다.

자신을 낳아준 부모를 모른 채 입양되었다는 고통이 스티브 잡스의 청소년기를 짓눌렀다. 매일 아침 명상은 그에게 위안이 되었다. 명상을 통해 고요히 자신과 마주하며 새로운 에너지를 얻은 경험을 그는 이렇게 말했다.

"마음을 관찰하다 보면 마음이 고요해지고, 마음에 더 미묘한 것을 들을 수 있는 공간이 생긴다. 그때 바로 직관이 피어나기 시작하고, 더 명료하게 사물을 보게 되며, 더 현재에 집중할 수 있게 된다."

모바일 명상,
'선한 영향력' 속도 높인다

> 명상은 자기 혼자 편하자고 하는 '신선놀음'이 아니다. 내 마음의
> 안정과 평화가 이웃과 사회의 평화로 이어지기를 지향하는 것
> 이다.

2018년 5월 둘째 주 화요일, 신선이 노닐었다는 뜻의 선유도공
원(한강 양화지구)을 우비를 입거나 우산을 쓴 30여 명이 느릿느릿
걷고 있었다. 천천히 한 발짝 한 발짝 걸음을 옮겼다. 걷기 명상
이다. 걸으면서 자기 몸과 마음의 움직임을 관찰한다. 숨을 들이
마시고 내쉬기를 반복하며 내딛는 발걸음에 주의를 기울인다.

걷기 명상은 2003년 『화』의 저자 틱낫한 스님이 방한했을 때
우리 사회에서도 화제가 되었다. 그때와 비교할 때 지금은 크게

달라진 것이 있다. 참가자 귀에 꽂힌 이어폰이다. 명상을 도와주는 앱이 생겼다. 명상도 앱으로 하는 시대다.

이날 걷기 명상을 한 단체는 '구글 캠퍼스 서울'에서 진행하는 창업가·예비 창업가를 위한 마음챙김 명상 모임이다. 2015년 구글 캠퍼스 서울이 개관하면서 매월 명상 모임을 한다. 이날 행사는 한국내면검색연구소의 유정은 대표가 진행했다. 그는 명상 앱 '마보' 대표이기도 하다. 연구소 이름인 '내면 검색'은 구글 본사에서 사용하는 명상 프로그램에서 따왔다. 스마트폰 검색을 잠시 멈추고 자기 마음에 접속해보라는 의미가 담겼다.

대학에서 심리학을 전공한 유 대표는 영국으로 유학해 인사·조직 분야 석사학위를 받은 후 컨설팅회사에 다니다 어느 날 구글 출신 엔지니어 차드 맹 탄의 책 『너의 내면을 검색하라』를 읽고 생각이 바뀌었다고 한다.

그는 그전에는 회사 조직이 바뀌려면 구조를 고쳐야 한다고 생각했는데 지금은 그렇게 생각하지 않는다. 시스템도 중요하지만 사람이 먼저 바뀌어야 한다는 것, 사람의 인식이나 마인드 세팅이 바뀌지 않으면 조직의 변화가 어렵다는 것을 절감했기 때문이다. 궁극의 목표는 일상의 행복이다. 여기에 더해 '선한 영향력'의 전파도 추가된다. 그 방법이 뇌를 변화시키는 명상이다.

"명상의 궁극적 가치는 우리 인간이 서로에게 선한 영향력을 전해주는 것을 배우는 과정이라고 생각해요."

유정은 대표의 말에서 '선한 영향력'이라는 표현이 눈길을 끌었다. 명상이 자기 혼자 편하자고 하는 '신선놀음'이 아니라는 얘기다. 내 마음의 안정과 평화가 이웃과 사회의 평화로 이어지기를 지향한다는 것이다. 명상하는 메이저리거 박찬호의 표현으로 하면 '에너지 패싱'이다. 명상을 통해 얻은 긍정적 통찰력을 다른 사람에게 전달해주는 것이다.

명상의 궁극적 가치는
선한 영향력을 주고받는 것

2018년 6월, 『닥터 도티의 삶을 바꾸는 마술가게(INTO THE MAGIC SHOP)』라는 책이 출간 2년 만에 역주행을 해서 베스트셀러가 되었다. 그해 5월 한국 가수로는 최초로 빌보드 200 메인차트에서 1위를 차지한 방탄소년단(BTS)의 〈러브 유어셀프 전 티어〉 앨범이 이 책에서 모티브를 가져온 것으로 알려졌기 때문이다.

저자는 스탠퍼드대학교에서 신경의학과 명상을 연구하는 제임스 도티 교수다. 그는 자신의 트위터에 "Thank you for using my book as inspiration(내 책에서 영감을 얻어줘서 감사하다)"이라는 문구를 남겨 미국에서도 화제가 되었다.

제임스 도티 교수는 구글의 명상 프로그램을 만든 차드 멩 탄과도 친한 사이다. 차드 멩 탄이 2012년 명상을 전파할 비영리기업을 만들 때 메인 가치로 제시한 것이 '선한 영향력'이다. 차드 멩 탄의 희망은 이런 것이다. 세계 각 분야의 리더들이 마음챙김 명상을 통해 순간순간 현명한 결정을 내릴 수 있다면, 자신의 명상 프로그램이 세계 평화를 만드는 조건이 될 수 있다는 것이다.

방탄소년단 기획자 방시혁은 여러 차례 '선한 영향력'을 언급했는데 이 같은 흐름과 무관하지 않아 보인다. 기획 의도를 묻는 언론의 질문에 그는 이렇게 말했다.

"방탄소년단이 반짝반짝 빛나는 멋진 스타에서 한 걸음 더 나아가길 바랐다. 팬들과 긴밀하게 소통하며 선한 영향력을 주고받는 아티스트가 되길 바랐다. 방탄소년단의 음악은 방탄소년단 내면에 있는 이야기가 되어야 한다고 생각했다."

선한 영향력과 내면 이야기를 중시하는 아이돌 방탄소년단이 도대체 왜 그렇게 미국에서 인기를 끌고 있지? 이런 의문이 드는 독자라면 미국의 실리콘밸리에서 불어오는 '보편적 가치'부터 확인할 필요가 있다. 세계적 팬덤은 그에 대한 공감에서 나오는 것으로 보인다.

마음챙김으로
지금 이 순간 행복하기를!

명상을 잘한다는 것은 어떻게 하는 것일까요?

'따뜻하고 친절하게!' 이 두 마디로 요약해보고 싶습니다. 따뜻함과 친절함이 아주 어려운 일은 아니겠지만 쉽기만 한 것도 아닙니다. 매순간 따뜻하고 친절함을 유지하기는 결코 쉬운 일이 아니지요. 밥을 먹을 때나, 대화를 할 때나, 업무를 볼 때나, 잠을 잘 때나, 언제 어디서나 그런 마음을 계속 지켜나가기란 쉽지 않습니다.

따뜻함과 친절함이 어려운 이유는 무엇일까요?

'나'를 내려놓지 못하기 때문입니다. 나를 내려놓기는 말하기는 쉽지만 실천하기는 쉽지 않습니다. 내려놓으려 해도 잘 떨어지지 않고, 비우려 해도 잘 비워지지 않는 거죠.

생각하고, 말하고, 느끼고, 행동하는 모든 일과 사건의 중심에 '나'가 놓여 있습니다. 내가 원하고, 내가 구하는 것을 얻어야만 채워지는 욕심입니다. 욕심을 채우기 위해 나를 중심으로 생각하고, 말하고, 느끼고, 행동하는 것입니다. 이렇듯 자기중심성을 놓지 않기 때문에 따뜻함과 친절함을 지속하기란 쉽지 않습니다.

지나치거나 모자라지 않고 어느 한쪽으로 치우치지 않는 것을 중용이라고 합니다. 동서고금의 많은 사람이 중용을 좋아합니다. 중용도 말로 하긴 쉽지만 실천하기는 어렵습니다. 공자는 중용의 어려움은 '칼날 밟기'보다 어렵다고 했습니다. 만신이 작두를 타듯 시퍼런 칼날을 맨발로 밟을 수는 있어도 중용을 실천하기는 어렵다는 것이지요.

중용이 칼날 위를 걷는 것보다 어려운 이유도 나를 내려놓지 못하기 때문입니다. 언제나 자기중심적으로 보고, 생각하고, 행동하기 때문입니다.

붓다는 무아(無我)를, 공자는 중용을, 예수는 사랑을 깨달았습니다. 이들은 모두 먼저 깨달은 선각자들입니다. 무아와 중용과 사랑은 다른 이야기가 아닌 것으로 보입니다. 나를 내려놓으라는 이야기인데, 각각 자신의 경험으로 얻은 깨달음을 다른 버전으로 이야기하는 것입니다. 우리는 모두 자신의 경험을 바탕으로 무아와 중용과 사랑 이야기를 써나갈 수 있습니다.

세상 만물은 변화합니다. 마음챙김 명상의 큰 전제입니다. 변하지 않는 것은 아무것도 없습니다. '나'조차 예외가 아닙니다. 존재의 실상은 변화인데, 인간의 생각은 고정적으로 머물러 있습니다. 존재의 실상과 생각의 차이, 그 사이에서 긴장이 발생합니다. 긴장이 스트레스를 유발합니다.

스트레스가 고통의 원인입니다. 마음챙김은 존재의 실상을 있는 그대로 보는 훈련입니다. 마음챙김을 연습하지 않으면 우리는 기존 습관대로 반응하게 됩니다.

무아의 세계에서 모든 것은 그물망처럼 연결되어 있습니다. 고립적인 '나'와 '내 것'이라고 할 만한 것이 없으니 '너'와 '네 것'이라고 할 만한 것도 없지요. '나'와 '남'을 칼로 자르듯 둘로 나누는 일은 생각의 차원에서나 가능합니다. 생각은 대개 자기중심적으로 움직입니다. 자기 생각대로 되지 않을 때 화를 내고, 자기 생각대로 되면 기뻐하는 것이 우리 일상의 모습입니다.

이런 이분법적 생각을 내려놓기가 쉽지 않으니 거기서 갈등과 고통이 발생하는 것입니다. 스마트폰 속으로 아무리 들어가도 그에 대한 답은 나오지 않습니다. 문제 해결의 열쇠를 밖이 아닌 내 안에서부터 찾는 것이 마음챙김 명상입니다.

마음챙김 명상은 무위(無爲)를 지향합니다. 노자의 핵심 철학인 무위는 영어로 대개 'Non-doing'으로 번역하는데, 아무것도 하지 않는다는 말이 아닙니다. 붓다의 무아와 노자의 무위도 다른 말이 아닙니다. 무위는 '함이 없는 함'입니다. '나'를 앞세우지 않는 실천, '나'의 탐욕이나 편견이나 선입관을 내세우지 않으며 일처리를 하는 것을 가리킵니다.

노자는 무심(無心), 무언(無言), 무욕(無欲) 등 다양한 표현으로 주관적 선입견을 경계했습니다. 무위는 곧 무심이고 무아이고 무욕인 셈이지요. 자기 생각을 앞세워 억지로 일하려는 것을 경계하는 것입니다. 그런 마음가짐이 있어야 중용과 사랑이 빛을 발휘할 수 있습니다. 그런 마음가짐이 바로 명상의 마음가짐입니다.

마음챙김 명상은 하나의 테크닉만 의미하지 않습니다. 호흡이나 걷기, 듣기, 먹기, 감각, 생각 등 인간의 모든 행위에 적용되는 명상의 테크닉도 있지만 궁극적으로는 우리 삶의 태도와 관련되어 있습니다. 명상은 곧 삶 자체라고도 할 수 있습니다.

명상을 잘한다는 것은 잘 산다는 말과도 같습니다. 명상과 무위는 자기 수양의 원리이면서 국가와 세계를 다스리는 정치의 원리로까지 확장됩니다. 마음챙김은 생각의 질곡에서 빠져나오는 훈련인데, 나라의 지도자를 꿈꾸는 이라면 무엇보다 이런 마음 자세를 먼저 갖추면 좋겠습니다.

MBSR을 개발한 존 카밧진 박사가 마음챙김 명상의 첫 번째 요소로 강조한 것은 '판단하지 않기(Non-judgement)'입니다. 카밧진이 말한 'Non-judgement'는 노자의 'Non-doing', 즉 무위와 달라 보이지 않습니다. 매 순간 기계적으로 반복하는 각종 판단이 작은 나의 편견과 선입견에서 비롯한다는 것을 알아차리는 일입니다. 대개 좋고 나쁨, 길고 짧음, 아름답고 추함 등 상대적 가치 중 어느 하나를 선택하는 행위가 판단입니다.

이러한 상대적 가치에 대한 선택적 판단을 중지하고 사물이나 사건을 있는 그대로 보고 듣는 것이 바로 마음챙김입니다.

좋고 나쁨의 분별심을 내려놓는 연습이 그 출발일 수 있습니다. 지금 이 순간 작은 나의 생각을 내려놓고 따뜻하고 친절하게 대상을 맞이할 수 있다면 그 사람은 이미 명상의 세계에 들어와 있다고 볼 수 있습니다.

카밧진의 스승인 숭산 스님이 언제나 '오직 모를 뿐!'을 외친 것도 작은 나의 편견과 선입견과 무지를 경계한 것입니다. 작은 나의 편견이 행복과 자유와 평화를 가로막습니다. 작은 나의 선입견을 줄인다면 누구나 좀더 큰 나로 잘 살아갈 수 있습니다.

중요한 것은 깨달음입니다. 깨달음의 다른 표현은 알아차림입니다. 알아차림이란 안다는 것입니다. 무엇을 아느냐면, 내가 지금 어디에 있는지 아는 것입니다. 의도적으로 마음을 쓰지 않으면 알아차릴 수 없습니다. 과거와 미래, 이곳과 저곳으로 방황하는 마음을 지금 여기로 모아보는 것이 마음챙김입니다. 한 번 알아차렸다고 해서, 한 번 깨달았다고 해서 완전히 깨달음의 높은 경지에 오르는 것도 아닙니다.

깨달음을 깨달음으로만 알면 그것은 진정한 깨달음이 아닙니다. 이는 노자식 표현입니다. 내가 깨달았다는 그 생각마저도 내려놓아야 합니다. 깨달음의 오만은 있을 수 없습니다.

마음챙김으로 지금 이 순간 모두가 행복하기를!

마음챙김으로 지금 이 순간 세계가 평화롭기를!

마음챙김으로 지금 이 순간 모두가 고통에서 벗어나기를!

마음챙김으로 지금 이 순간 모두가 따뜻하고 친절하기를!

■ 독자 여러분의 소중한 원고를 기다립니다

메이트북스는 독자 여러분의 소중한 원고를 기다리고 있습니다. 집필을 끝냈거나 집필중인 원고가 있으신 분은 khg0109@hanmail.net으로 원고의 간단한 기획의도와 개요, 연락처 등과 함께 보내주시면 최대한 빨리 검토한 후에 연락드리겠습니다. 머뭇거리지 마시고 언제라도 메이트북스의 문을 두드리시면 반갑게 맞이하겠습니다.

■ 메이트북스 SNS는 보물창고입니다

메이트북스 홈페이지 www.matebooks.co.kr

책에 대한 칼럼 및 신간정보, 베스트셀러 및 스테디셀러 정보뿐만 아니라 저자의 인터뷰 및 책 소개 동영상을 보실 수 있습니다.

메이트북스 유튜브 bit.ly/2qXrcUb

활발하게 업로드되는 저자의 인터뷰, 책 소개 동영상을 통해 책에서는 접할 수 없었던 입체적인 정보들을 경험하실 수 있습니다.

메이트북스 블로그 blog.naver.com/1n1media

1분 전문가 칼럼, 화제의 책, 화제의 동영상 등 독자 여러분을 위해 다양한 콘텐츠를 매일 올리고 있습니다.

메이트북스 네이버 포스트 post.naver.com/1n1media

도서 내용을 재구성해 만든 블로그형, 카드뉴스형 포스트를 통해 유익하고 통찰력 있는 정보들을 경험하실 수 있습니다.

STEP 1. 네이버 검색창 옆의 카메라 모양 아이콘을 누르세요. STEP 2. 스마트렌즈를 통해 각 QR코드를 스캔하시면 됩니다.
STEP 3. 팝업창을 누르시면 메이트북스의 SNS가 나옵니다.